Lenz/Leinekugel
Eigentumsschutz beim Squeeze out

36697

Herrn Professor Emmerich
mit freundlichem Gruß
herzlichst zugeeignet

5.5. 2004

R. Lenz

Rechtsfragen der Band 119
Handelsgesellschaften

Eigentumsschutz beim Squeeze out

von

Dr. Christofer Lenz
Rechtsanwalt und
Fachanwalt für Verwaltungsrecht
in Stuttgart

und

Dr. Rolf Leinekugel
Rechtsanwalt in Stuttgart

2004

Verlag
Dr. Otto Schmidt
Köln

Bibliografische Information Der Deutschen Bibliothek

Die Deutsche Bibliothek verzeichnet diese Publikation in der Deutschen Nationalbibliografie; detaillierte bibliografische Daten sind im Internet über <http://dnb.ddb.de> abrufbar.

Verlag Dr. Otto Schmidt KG
Unter den Ulmen 96–98, 50968 Köln
Tel.: 02 21/9 37 38-01, Fax: 02 21/9 37 38-9 21
e-mail: info@otto-schmidt.de
www.otto-schmidt.de

ISBN 3-504-64671-3

© 2004 by Verlag Dr. Otto Schmidt KG

Das Werk einschließlich aller seiner Teile ist urheberrechtlich geschützt. Jede Verwertung, die nicht ausdrücklich vom Urheberrechtsgesetz zugelassen ist, bedarf der vorherigen Zustimmung des Verlags. Das gilt insbesondere für Vervielfältigungen, Bearbeitungen, Übersetzungen, Mikroverfilmungen und die Einspeicherung und Verarbeitung in elektronischen Systemen.

Das verwendete Papier ist aus chlorfrei gebleichten Rohstoffen hergestellt, holz- und säurefrei, alterungsbeständig und umweltfreundlich.

Umschlaggestaltung: Jan P. Lichtenford, Mettmann

Druck und Verarbeitung: Rübelmann, Hemsbach

Printed in Germany

Vorwort

Mit Inkrafttreten des Wertpapierübernahmegesetzes am 1. Januar 2002 hat der Gesetzgeber in den §§ 327a ff. AktG auch den förmlichen Zwangsausschluss einer Restaktionärsminderheit von bis zu 5% zugelassen. Es wird einem Mehrheitsaktionär, der mindestens 95% des Grundkapitals einer Aktiengesellschaft oder einer Kommanditgesellschaft auf Aktien hält, erstmals ein Verfahren eröffnet, sämtliche Anteile an dieser Gesellschaft auch gegen den Willen der übrigen Gesellschafter zu erwerben. Die sachlich sinnvolle Neuregelung zielt darauf ab, durch die Erleichterung von Führung und Leitung der betroffenen Gesellschaften volkswirtschaftlich effizientere Strukturen zu ermöglichen. Sie greift allerdings in die verfassungsrechtlich geschützten Eigentumsrechte der zwangsausgeschlossenen Minderheitsaktionäre ein. Das hat der Gesetzgeber erkannt, bei der Ausgestaltung des Verfahrens berücksichtigt und sich hiermit in der Gesetzesbegründung eingehend auseinander gesetzt.

Schon am 23. August 2002 hatte das BVerfG in der Moto-Meter-Entscheidung zur „übertragenden Auflösung" entschieden, dass ein Hinausdrängen einer kleinen Restgruppe von Aktionären verfassungsrechtlich statthaft sein kann, wenn bestimmte Voraussetzungen erfüllt sind. Die in §§ 327a–f AktG vorgesehenen Schutzmechanismen zugunsten der Minderheitsaktionäre gehen noch über diejenigen bei der „übertragenden Auflösung" hinaus. Die ganz überwiegende Sichtweise in Rechtsprechung und juristischem Schrifttum ist deshalb mit Blick auf die Moto-Meter-Entscheidung in der Frage der Verfassungsmäßigkeit der Neuregelung vergleichsweise unkritisch. Die vereinzelt vorgebrachte Kritik ist fundamental und im wesentlichen von dem Wunsch getragen, eine als rechtspolitisch missglückt empfundene gesetzgeberische Entscheidung zu revidieren. Zwischen diesen beiden Polen hat sich bei unserer Analyse bald herausgestellt, dass es eher darum gehen muss, ein im Grundansatz ausreichendes, aber missverständliches Schutzkonzept so zu handhaben, dass es auch im Detail den verfassungsrechtlichen Vorgaben der Eigentumsgarantie entspricht. Die an manchen Stellen erforderliche und jeweils auch mögliche verfassungskonforme Auslegung hat dabei durchaus spürbare praktische Konsequenzen.

Das Manuskript wurde im November 2003 abgeschlossen. Spätere Rechtsprechung und Literatur konnten teilweise bis Februar 2004 berücksichtigt werden.

In unsere Überlegungen sind Anregungen und Hinweise von Herrn *Prof. Dr. Dres. h.c. Marcus Lutter* und Frau *Prof. Dr. Barbara Grunewald* eingeflossen, für die wir herzlich danken. Herrn *Prof. Dr. Dres. h.c. Marcus Lutter* gilt unser besonderer Dank auch für die Durchsicht des Manuskripts.

Ein besonderer Dank gilt auch Frau *Ute Schilling* und Frau *Dorothee Gschwender* für die geduldige und sorgfältige Betreuung des Manuskripts.

Stuttgart, im Februar 2004 *Christofer Lenz*

Rolf Leinekugel

Weitere Informationen zu den Verfassern unter www.oppenlaender.de

Inhaltsübersicht

	Seite
Vorwort	V
Inhaltsverzeichnis	IX
Abkürzungsverzeichnis	XIII

§ 1 Überblick über die gesetzliche Regelung 1

§ 2 Motive des Gesetzgebers 3

§ 3 Praktische Probleme und Meinungsstand 5
I. Anwendbarkeit bei nicht börsennotierten Gesellschaften und kleinen Gesellschaften 5
II. Rechtsmissbräuchlicher Squeeze out 5
III. Unabhängigkeit des Angemessenheitsprüfers 7
IV. Besicherung der Barabfindung 7
V. Verzinsung der Barabfindung 8
VI. Spruchverfahren 8

§ 4 Squeeze out und Eigentumsgarantie 11
I. Enteignung oder Inhaltsbestimmung 11
II. Verfassungsrechtliche Anforderungen an die Rechtfertigung von Eigentumsinhaltsbestimmungen 15
III. Vorbedingung 1: Wirksame Rechtsbehelfe gegen einen Missbrauch wirtschaftlicher Macht 20
IV. Vorbedingung 2: Volle Entschädigung für den Verlust der Rechtsposition 27
V. Rechtfertigung durch gewichtige Gründe des Gemeinwohls 59
VI. Grundsatz der Verhältnismäßigkeit 67
VII. Ergebnis zur Eigentumsgarantie 80

§ 5 Zusammenfassung 81

Literaturverzeichnis 85
Stichwortverzeichnis 89

Inhaltsverzeichnis

	Seite
Vorwort	V
Inhaltsübersicht	VII
Abkürzungsverzeichnis	XIII

§ 1 Überblick über die gesetzliche Regelung 1

§ 2 Motive des Gesetzgebers 3

§ 3 Praktische Probleme und Meinungsstand 5
- I. Anwendbarkeit bei nicht börsennotierten Gesellschaften und kleinen Gesellschaften 5
- II. Rechtsmissbräuchlicher Squeeze out 5
  1. Squeeze out von GmbH-Gesellschaftern durch vorherigen Formwechsel in eine Aktiengesellschaft 5
  2. Enge zeitliche Verbindung zwischen Kapitalerhöhung/Gründung und Squeeze out 6
  3. Vorübergehende Schaffung eines Hauptaktionärs durch Poolen ... 6
- III. Unabhängigkeit des Angemessenheitsprüfers 7
- IV. Besicherung der Barabfindung 7
- V. Verzinsung der Barabfindung 8
- VI. Spruchverfahren 8

§ 4 Squeeze out und Eigentumsgarantie 11
- I. Enteignung oder Inhaltsbestimmung 11
  1. Bedeutung 11
  2. Bisherige, thematisch einschlägige Rechtsprechung des BVerfG .. 12
     - a) Feldmühle 12
     - b) DAT/Altana 12
     - c) Moto-Meter 13
     - d) H-AG 13

3. Allgemeiner Stand der Dogmatik zur Abgrenzung von Enteignung und Inhaltsbestimmung 13
4. Ergebnis 15

II. Verfassungsrechtliche Anforderungen an die Rechtfertigung von Eigentumsinhaltsbestimmungen 15
1. Grundsätze aus Feldmühle und DAT/Altana 15
2. Allgemeinere Rechtsprechung zur Umgestaltung privatrechtlicher Beziehungen 17
3. Harmonisierter Maßstab 18
4. Ergebnis 19

III. Vorbedingung 1: Wirksame Rechtsbehelfe gegen einen Missbrauch wirtschaftlicher Macht 20
1. Verfassungsrechtliche Maßstäbe 20
2. Probleme beim Squeeze out 22
   a) Unangemessene Barabfindung kein Anfechtungsgrund 22
   b) Ausschluss des Anfechtungsgrundes nach § 243 Abs. 2 AktG . 23
   c) Informationsdefizite bei Rechtsmissbrauch 24
      aa) Verfassung fordert nur effektive Erkennbarkeit von Missbrauchsfällen 24
      bb) Verfassungsgebotene Konsequenz für die Auslegung 25
      cc) Zwischenergebnis 26
3. Ergebnis zu den wirksamen Rechtsbehelfen gegen einen Missbrauch wirtschaftlicher Macht 26

IV. Vorbedingung 2: Volle Entschädigung für den Verlust der Rechtsposition 27
1. Verfassungsrechtliche Maßstäbe 27
2. Grundsatz der angemessenen Abfindung beim Squeeze out 28
3. Mängel im Abfindungsverfahren? 30
4. Ermittlung der angemessenen Abfindung 30
   a) Verfassungsrechtliche Vorgaben 30
      aa) Bisherige Rechtsprechung des BVerfG 31
      bb) Funktion der vollwertigen Abfindung 32
      cc) Aufgaben- und Risikoverlagerung auf den Minderheitsaktionär 32
      dd) Ineffektiver Rechtsschutz durch Spruchverfahren 33
      ee) Zwischenergebnis 35
   b) Bewertung der gesetzlichen Ausgestaltung des Squeeze out 35
      aa) Grundansatz ausreichend 35
      bb) Zweistufiges Verfahren 36

	cc) Keine Parallelprüfung		38
	dd) Weder bindendes noch unverbindliches Vorschlagsrecht des Hauptaktionärs		39
	ee) Kein Eindruck der Nähe zum Hauptaktionär		40
	ff) Taugliche Rechtsfolge – Anfechtungsklage		44
	c) Ergebnis: Ausreichendes Schutzkonzept bei verfassungskonformer Auslegung der Regelungen über den unabhängigen Prüfer		45
5.	Nachträgliche gerichtliche Kontrolle zur Abfindungshöhe		45
	a) Verfassungsrechtliche Vorgaben		45
	b) Regelungen in § 327f AktG und im neuen Spruchverfahren		45
6.	Sicherung der Auszahlung einer angemessenen Abfindung		47
	a) Verfassungsrechtlicher Maßstab		47
	b) Beurteilung von § 327b Abs. 3 AktG		48
	aa) Grundsätzlich tauglicher Ansatz des Gesetzgebers		49
	bb) Sicherung auch von Aufstockungsbeträgen und Zinsen		49
	aaa) Enge Auslegung durch die herrschende Meinung		49
	bbb) Verfassungsrechtliche Rechtfertigung einer nur teilweisen Sicherung?		50
	ccc) Keine anderweitige Kompensation		50
	ddd) Keine sachlichen Gründe für Sicherungslücke		51
	cc) Verfassungskonforme Auslegung		52
	c) Ergebnis zur Sicherungsfrage		53
7.	Verzinsung einer zu spät ausgezahlten Abfindung		53
	a) Kein Zeitloch		54
	b) Zinshöhe		55
8.	Ergebnis zur vollen Entschädigung		57
V.	**Rechtfertigung durch gewichtige Gründe des Gemeinwohls**		**59**
1.	Verfassungsrechtlicher Maßstab		59
	a) Bisherige Rechtsprechung des BVerfG: Gemeinwohlverpflichteter Hauptaktionär gegen renditeorientierten Minderheitsaktionär		59
	b) Ansätze in der Literatur		61
	c) Eigener Ansatz im Anschluss an BVerfGE 104, 1 (12)		62
2.	Gewichtige Gründe des Gemeinwohls im Gesetzgebungsverfahren zum Squeeze out		63
	a) Wertungen von Feldmühle überholt		64
	b) Moderne Sichtweise		65
3.	Kontrollüberlegung: Wertung des BVerfG		66

VI.	Grundsatz der Verhältnismäßigkeit	67
1.	Verfassungsrechtlicher Maßstab	67
2.	Eignung	68
3.	Erforderlichkeit	70
	a) Squeeze out nach Pflichtangebot	70
	b) Squeeze out zur Verminderung von Kosten	70
	c) Squeeze out zur Vermeidung des „Missbrauchs" von Minderheitsaktionären	71
4.	Zumutbarkeit	72
	a) Börsennotierte Aktiengesellschaften	72
	b) Nicht börsennotierte Aktiengesellschaften	74
	aa) Große nicht börsennotierte Aktiengesellschaften	75
	bb) In Konzerne eingebundene nicht börsennotierte Aktiengesellschaften	75
	cc) Private Gesellschaften	76
	dd) Verweis auf GmbH und KG nicht tragfähig	78
5.	Ergebnis zur Verhältnismäßigkeit	80
VII.	Ergebnis zur Eigentumsgarantie	80

§ 5 Zusammenfassung 81

Literaturverzeichnis 85
Stichwortverzeichnis 89

Abkürzungsverzeichnis

a.A.	andere Ansicht
a.E.	am Ende
Abs.	Absatz
AG	Aktiengesellschaft
AG-Report	Sonderteil der Zeitschrift Die Aktiengesellschaft
AktG	Aktiengesetz
AngebVO	WpÜG-Angebotsverordnung
Art.	Artikel
Aufl.	Auflage
BauGB	Baugesetzbuch
BB	Der Betriebsberater
BGBl.	Bundesgesetzblatt
BGH	Bundesgerichtshof
BGHZ	Entscheidungen des Bundesgerichtshofs in Zivilsachen
BT-Drs.	Bundestagsdrucksache
BVerfG	Bundesverfassungsgericht
BVerfGE	Entscheidungen des Bundesverfassungsgerichts
BVerwG	Bundesverwaltungsgericht
BVerwGE	Entscheidungen des Bundesverwaltungsgerichts
bzw.	beziehungsweise
DAV	Deutscher Anwaltsverein
DB	Der Betrieb
d.h.	das heißt
ders.	derselbe
DStR	Deutsches Steuerrecht
DSW	Deutsche Schutzvereinigung für Wertpapierbesitz
EG	EG-Vertrag
EGMR	Europäischer Gerichtshof für Menschenrechte
Einl.	Einleitung
EU	Europäische Union
EuGRZ	Europäische Grundrechtezeitschrift
EWiR	Entscheidungen zum Wirtschaftsrecht
f., ff.	folgende, fortfolgende
Fn.	Fußnote
FS	Festschrift

gem.	gemäß
GG	Grundgesetz
GmbH	Gesellschaft mit beschränkter Haftung
GmbHG	Gesetz betreffend die Gesellschaften mit beschränkter Haftung
GmbHR	GmbH-Rundschau
HGB	Handelsgesetzbuch
i.V.m.	in Verbindung mit
JZ	Juristenzeitung
KG	Kommanditgesellschaft
KGaA	Kommanditgesellschaft auf Aktien
LG	Landgericht
m.w.N.	mit weiteren Nachweisen
n.F.	neue Fassung
NJW	Neue Juristische Wochenschrift
NordÖR	Zeitschrift für öffentliches Recht in Norddeutschland
Nr.	Nummer
NZG	Neue Zeitschrift für Gesellschaftsrecht
OLG	Oberlandesgericht
Rn.	Randnummer
Rspr.	Rechtsprechung
S.	Satz; Seite(n)
s.o.	siehe oben
SdK	Schutzgemeinschaft der Kleinaktionäre
sog.	sogenannte(n)
SpruchG	Spruchverfahrensgesetz
st.	ständig, ständige
SZW/RSDA	Schweizerische Zeitschrift für Wirtschaftsrecht/Revue Suisse de droit des affaires
UmwG	Umwandlungsgesetz
Urt.	Urteil
vgl.	vergleiche
Vorb.	Vorbemerkung

WM	Wertpapier-Mitteilungen
WpÜG	Wertpapiererwerbs- und Übernahmegesetz
z.B.	zum Beispiel
ZGR	Zeitschrift für Unternehmens- und Gesellschaftsrecht
ZIP	Zeitschrift für Wirtschaftsrecht
ZPO	Zivilprozessordnung

§ 1 Überblick über die gesetzliche Regelung

Der Gesetzgeber hat das Rechtsinstitut des „Squeeze out" durch Art. 7 des Gesetzes zur Regelung von öffentlichen Angeboten zum Erwerb von Wertpapieren und von Unternehmensübernahmen[1] mit Wirkung zum 1. Januar 2002 eingeführt (§§ 327a–f AktG).

Danach kann die Hauptversammlung einer Aktiengesellschaft oder einer KG auf Aktien auf Verlangen eines Aktionärs, dem Aktien in Höhe von 95% des Grundkapitals gehören, die Übertragung der Aktien der übrigen (Minderheits-)Aktionäre auf den Hauptaktionär gegen Gewährung einer angemessenen Barabfindung beschließen. Der Zustimmung der persönlich haftenden Gesellschafter einer KGaA bedarf es nicht (§ 327a Abs. 1 AktG).

Die Höhe der Barabfindung legt der Hauptaktionär fest. Sie ist mit der Bekanntmachung der Eintragung des Übertragungsbeschlusses in das Handelsregister zu verzinsen. Der Hauptaktionär hat die Erklärung eines Kreditinstituts zu übermitteln, in dem dieses die Gewähr übernimmt, den Minderheitsaktionären unverzüglich nach Eintragung des Übertragungsbeschlusses die festgelegte Barabfindung zu bezahlen (§ 327b AktG).

Der Hauptaktionär hat der Hauptversammlung einen Bericht vorzulegen, der die Voraussetzungen für die Übertragung und die Angemessenheit der Barabfindung begründet. Die Angemessenheit der Barabfindung ist durch einen oder mehrere sachverständige Prüfer zu prüfen, die auf Antrag des Hauptaktionärs vom Landgericht am Sitz der Gesellschaft ausgewählt und bestellt werden (§ 327c AktG).

Der Vorstand hat den Übertragungsbeschluss zur Eintragung in das Handelsregister anzumelden. Mit der Eintragung gehen alle Aktien der Minderheitsaktionäre auf den Hauptaktionär über. Die Eintragung erfolgt nur, wenn keine Anfechtungsklage erhoben oder das sogenannte Unbedenklichkeitsverfahren (§ 319 Abs. 6 AktG) erfolgreich durchlaufen worden ist (§ 327e AktG).

Die gerichtliche Nachprüfung der Abfindung erfolgt im Spruchverfahren. Der Überprüfungsantrag kann von jedem ausgeschiedenen Minderheitsaktionär gestellt werden. Die Anfechtungsklage gegen den Übertragungsbeschluss kann nicht auf die Unangemessenheit der festgelegten Barabfindung gestützt werden, wohl aber darauf, dass der Hauptaktionär sie nicht oder nicht ordnungsgemäß angeboten hat. Während ansonsten die normalen An-

---

[1] BGBl. I, S. 3822.

fechtungsgründe gelten, kann die Anfechtung abweichend von § 243 Abs. 2 AktG nicht darauf gestützt werden, dass ein Aktionär mit der Ausübung des Stimmrechts für sich oder einen Dritten Sondervorteile zum Schaden der Gesellschaft oder der anderen Aktionäre zu erlangen versucht und der Beschluss geeignet ist, diesem Zweck zu dienen (§ 327f AktG).

§ 2 Motive des Gesetzgebers

Die verfassungsrechtliche Beurteilung einer Regelung hängt regelmäßig davon ab, welche Zwecke der Gesetzgeber mit ihr verfolgt. Nach der allgemeinen Begründung im Gesetzentwurf der Bundesregierung, die zwar nicht der Gesetzgeber ist, deren Überlegungen aber im Wesentlichen im Bundestag und Bundesrat geteilt worden sind[2], gab es ein Bündel von Motiven.

Wörtlich heißt es im Allgemeinen Teil der Begründung des Gesetzentwurfs zu diesem Punkt[3]:

> „Von Seiten der Wirtschaft ist aus verschiedenen Gründen ein Bedürfnis für eine solche Regelung geltend gemacht worden. Zunächst wird darauf hingewiesen, dass es ökonomisch keinen Sinn mache, sehr kleine Minderheiten in Aktiengesellschaften zu belassen. Die Beteiligung von Minderheitsaktionären stelle einen erheblichen – kostspieligen – Formalaufwand dar, der sich aus der Beachtung zwingender minderheitsschützender Normen ergebe. Dieser Aufwand bliebe im Wesentlichen derselbe, auch wenn neben dem Mehrheitsaktionär nur ein Rest an Splitterbesitz vorhanden sei. Die Praxis zeige, dass Kleinstbeteiligungen oftmals missbraucht würden, um den Mehrheitsaktionär bei der Unternehmensführung zu behindern und ihn zu finanziellen Zugeständnissen zu veranlassen. Eine Behinderung könne insbesondere durch Anfechtung von Hauptversammlungsbeschlüssen erfolgen. Daher ließen sich gegen den Willen einzelner Kleinaktionäre auch notwendige Umstrukturierungen oft nicht oder nur mit großer zeitlicher Verzögerung durchsetzen. Schließlich gebe es die Fälle, in denen eine gewisse Anzahl von Aktien nicht erworben werden könnte, weil die Inhaber von Aktien nicht ausfindig zu machen seien und/oder von ihrem vielleicht ererbten Aktienbesitz selbst nichts wüssten.
>
> Auch aus rechtsvergleichender Sicht erscheint die Einführung einer Squeeze-out-Regelung geboten. Zahlreiche andere Mitgliedstaaten der Europäischen Union verfügen über solche Regelungen, wenn sich auch die Ausgestaltung im Einzelnen unterschiedlich darstellt.

---

2 Vgl. aus den Gesetzesmaterialien Beschlussempfehlung und Bericht des Finanzausschusses des Deutschen Bundestages vom 14. November 2001, BT-Drs. 14/7477, S. 54.
3 BT-Drs. 14/7034, S. 31 f.

§ 2 Motive des Gesetzgebers

> Schließlich ist die Regelung auch in Zusammenhang mit der Einführung des so genannten Pflichtangebotes in dem neuen Wertpapiererwerbs- und Übernahmegesetz zu sehen (vgl. Artikel 1 § 35). Wer künftig verpflichtet ist, bei Überschreitung einer bestimmten Schwelle ein Angebot auf Übernahme aller Anteile an einer Gesellschaft abzugeben, soll auch die Möglichkeit haben, Kleinstbeteiligungen abzufinden, um damit tatsächlich die Position als alleiniger Anteilseigner zu erreichen. Die vorherige Abgabe eines Angebots nach dem Wertpapiererwerbs- und Übernahmegesetz soll allerdings nicht zur Voraussetzung des Squeeze out gemacht werden, auch wenn in der Mehrzahl der Fälle ein solches Angebot vorangehen wird. Ebenso wenig soll eine Beschränkung auf börsennotierte Gesellschaften erfolgen, weil auch außerhalb dieses Bereichs ein Regelungsbedarf gesehen wird.
>
> ...
>
> Der mit der Squeeze-out-Regelung verbundene Verlust der in der Aktie verkörperten Rechtsposition ist im Hinblick auf die angestrebte Stärkung der unternehmerischen Flexibilität und die vorgeschriebene wirtschaftlich volle Entschädigung hinreichend gerechtfertigt."

Ohne schon an dieser Stelle in eine Einzelkritik der für den Squeeze out angeführten Motive einzutreten, bleibt festzuhalten, dass die Gesetzesbegründung die ersten drei Gesichtspunkte (kostspieliger Formalaufwand; Missbrauch von Minderheitsrechten, insbesondere Anfechtungsklagen; unbekannte Aktionäre) lediglich als Vortrag der Wirtschaft referiert, sich aber nicht ausdrücklich zu eigen macht. Eine eigenständige Aussage trifft der Gesetzentwurf der Bundesregierung, soweit er aus den Regelungen in anderen Mitgliedstaaten ableitet, die Einführung einer Squeeze out-Regelung erscheine geboten. Dasselbe gilt für die am Schluss genannte Zielsetzung, den zur Abgabe eines Pflichtangebots Verpflichteten auch die Möglichkeit zu geben, tatsächlich die Position als alleiniger Anteilseigner zu erreichen. Der Gesetzgeber gibt zu erkennen, dass er in einem Squeeze out nach der vorherigen Abgabe eines (Pflicht-)Angebots nach dem Wertpapiererwerbs- und Übernahmegesetz die normale Konstellation des Squeeze out sieht, welche die Mehrzahl der praktischen Anwendungsfälle ausmachen wird.

§ 3 Praktische Probleme und Meinungsstand

I. Anwendbarkeit bei nicht börsennotierten Gesellschaften und kleinen Gesellschaften

Kritisiert wird, dass die Regelungen über den Squeeze out auch bei Gesellschaften anwendbar sind, die gar nicht börsennotiert sind[4]. Dem liegt die Vorstellung zugrunde, dass die Möglichkeit eines Squeeze out nur die Verpflichtung zur Abgabe eines Pflichtangebots (§ 35 WpÜG) ergänzt und abmildert. Bei nichtbörsennotierten Gesellschaften besteht eine solche Rechtspflicht zur Abgabe eines Pflichtangebots jedoch nicht (vgl. § 1 WpÜG). Teils wird auch bemängelt, dass die §§ 327a ff. AktG nur das Vermögensinteresse der Minderheitsaktionäre schützen, obwohl bei Familiengesellschaften oder Gesellschaften mit kleinem, dem Unternehmen persönlich verbundenen Aktionärskreis auch die Beteiligung als solche schützenswert sein kann.

II. Rechtsmissbräuchlicher Squeeze out

1. Squeeze out von GmbH-Gesellschaftern durch vorherigen Formwechsel in eine Aktiengesellschaft

Ganz überwiegend wird ein Rechtsformwechsel in eine Aktiengesellschaft mit dem alleinigen Ziel des anschließenden Squeeze out lästiger Minderheitsgesellschafter für rechtsmissbräuchlich und anfechtbar gehalten[5]. Noch ungeklärt ist, wie die betroffenen Aktionäre den Missbrauch darlegen und erforderlichenfalls auch beweisen sollen.

---

4 Als Kardinalfehler bezeichnet von Fleischer/Kalss, S. 143 und Fleischer, ZGR 2002, 757 (770); ebenso Drygala, AG 2001, 291 (298); Habersack, ZIP 2002, 1230 (1234f.); Hanau, NZG 2002, 1040 (1047). Kritisch auch OLG Hamburg ZIP 2003, 2076 (2077): Verfassungsrechtliche Bedenken gegen den Zwangsausschluss eines kleinen, dem Unternehmen eng verbundenen Aktionärskreises.
5 Grzimek, in: Geibel/Süßmann, § 327f AktG Rn. 11; Habersack, in: Emmerich/Habersack, § 327a Rn. 28; Grunewald, in: Münchener Kommentar zum AktG, § 327a Rn. 28; Gesmann-Nuissl, WM 2002, 1205 (1210f.); Krieger, BB 2002, 53 (62); a.A. Hasselbach, in: Kölner Kommentar zum WpÜG, § 327a AktG Rn. 56; ebenfalls wohl Fuhrmann/Simon, WM 2002, 1211 (1213); differenzierend Hamann, S. 170ff.

2. Enge zeitliche Verbindung zwischen Kapitalerhöhung/Gründung und Squeeze out

Überwiegend wird angenommen, das Ausschlussrecht sei zeitlich nicht begrenzt. Ein Squeeze out könne auch dann noch erfolgen, wenn außenstehende Aktionäre erst kurz zuvor im Rahmen einer Gründung oder Kapitalerhöhung ihre Beteiligung erworben hätten[6]. Das Gesetz mute es den außenstehenden Aktionären zu, durch die Kombination von Kapitalerhöhung und Squeeze out Verluste zu erleiden; es differenziere gerade nicht danach, wann ein Ausschluss für die außenstehenden Aktionäre erträglich und wann er unerträglich sei. Teilweise wird dagegen angenommen, dass das aus § 242 BGB abgeleitete Verbot widersprüchlichen Verhaltens auch für die Squeeze out-Entscheidung des Hauptaktionärs gilt. Danach soll ein Squeeze out-Beschluss anfechtbar sein, wenn der Hauptaktionär durch sein Vorverhalten den Eindruck erweckt hat, für außenstehende Aktionäre solle eine dauerhafte Kapitalanlagemöglichkeit geschaffen werden und die außenstehenden Aktionäre im Rahmen einer Gesellschaftsgründung oder einer Kapitalerhöhung hierauf vertraut haben[7]. Auch hier stellen sich Nachweisprobleme und Fragen bei der Anforderung an den zeitlichen Zusammenhang.

3. Vorübergehende Schaffung eines Hauptaktionärs durch Poolen

Umstritten ist im aktienrechtlichen Schrifttum, ob auch ein „Zusammenschluss zum Ausschluss" ein Hauptaktionär im Sinne von § 327a Abs. 1 Satz 1 AktG sein kann, es also genügt, wenn mehrere Aktionäre, deren Anteile zusammen 95% des Grundkapitals ergeben, eine Holding-Gesellschaft gründen und ihre Aktien dort vorübergehend konzentrieren. Das wird teilweise für unschädlich gehalten[8]. Dem wird entgegen gehalten, § 327a AktG verbiete eine bloß vorübergehende Vereinigung aller Anteile in einer Hand, die nach erfolgtem Squeeze out alsbald wieder rückgängig gemacht werde[9].

---

6 Gesmann-Nuissl, WM 2002, 1205 (1210); Hasselbach, in: Kölner Kommentar zum WpÜG, § 327a AktG Rn. 56.
7 Grunewald, ZIP 2002, 18 (22); Fleischer, ZGR 2002, 757 (785).
8 Steinmeyer/Häger, § 327a AktG Rn. 16; Hasselbach, in: Kölner Kommentar zum WpÜG, 2003, § 327a AktG Rn. 56; Krieger, BB 2002, 53 (62).
9 Habersack, in: Emmerich/Habersack, § 327a AktG Rn. 29; Grzimek, in: Geibel/Süßmann, § 327f AktG Rn. 12; Heidel/Locher, in: Heidel, Aktienrecht, § 327a AktG Rn. 4; Fleischer, ZGR 2002, 757 (778); Grunewald, ZIP 2002, 18 (19); Baums, WM 2001, 1843 (1845 ff.); Hamann, S. 166; Gesmann-Nuissl, WM 2002, 1205 (1206); Bolte, DB 2001, 2587 (2588); Pötzsch/Möller, WM-Sonderbeilage 2/2000, S. 29.

III. Unabhängigkeit des Angemessenheitsprüfers

Die Praxis geht ganz überwiegend davon aus, § 327c Abs. 2 AktG lasse es zu, dass die Berater des Hauptaktionärs und der Angemessenheitsprüfer nebeneinander und sogar miteinander die Höhe der den außenstehenden Aktionären angebotenen Barabfindung festlegen[10]. Der Wortlaut des § 327c Abs. 2 Satz 2 AktG legt es nahe, dass der vom Gericht bestellte Angemessenheitsprüfer eine angemessene Barabfindung nicht zu ermitteln hat, sondern zu prüfen hat, ob die vom Hauptaktionär für angemessen gehaltene Barabfindung tatsächlich angemessen ist. Vereinzelt wird eine Parallelprüfung daher für unzulässig gehalten[11]. Von einer erst nachträglichen Überprüfung des Angebots durch den bestellten Prüfer nach § 327 Abs. 2 Satz 2 AktG geht auch das Landgericht Berlin aus[12].

IV. Besicherung der Barabfindung

Teilweise wird angenommen, das Kreditinstitut hafte nur nachrangig, könne also erst nach erfolgloser Zwangsvollstreckung gegen den Hauptaktionär in Anspruch genommen werden[13] bzw. dürfe sich zumindest die Einrede der Vorausklage vorbehalten[14]. Die ganz überwiegende Auffassung geht dagegen von unmittelbaren Ansprüchen gegen den Garantiegeber aus und lässt auch die Einrede der Vorausklage nicht zu[15]. Gestützt auf den Wortlaut wird überwiegend angenommen, die Besicherung nach § 327b Abs. 3 AktG umfasse nur die ursprünglich vom Hauptaktionär festgesetzte Barabfindung. Auf eine Erhöhung der Barabfindung in Spruchverfahren soll sich die Garantie ebenso wenig beziehen müssen wie auf deren Verzinsung nach § 327b Abs. 2 AktG[16]. Die Gegenansicht beruft sich auf die ratio legis

---

10 Vgl. nur OLG Stuttgart ZIP 2003, 2363 (2365); Ott, DB 2003, 1615 (1617).
11 Puszkajler, ZIP 2003, 518 (521).
12 LG Berlin ZIP 2003, 1352 (1355).
13 Fuhrmann/Simon, WM 2002, 1211 (1216).
14 Hasselbach, in: Kölner Kommentar zum WpÜG, § 327b AktG Rn. 30; Grunewald, in: Münchener Kommentar zum AktG, § 327b AktG Rn. 15.
15 Habersack, in: Emmerich/Habersack, § 327b AktG Rn. 12; Krieger, BB 2002, 53 (58); Heidel/Lochner, in: Heidel, Aktienrecht, § 327b AktG Rn. 11; Grzimek, in: Geibel/Süßmann, § 327b AktG Rn. 43; Singhoff/Weber, WM 2002, 1158 (1168).
16 OLG Hamburg ZIP 2003, 1344 (1348); OLG Köln BB 2003, 2307 (2308); LG Berlin ZIP 2003, 1352 (1355); Hasselbach, in: Kölner Kommentar zum WpÜG, § 327b AktG Rn. 32; Krieger, BB 2002, 53 (58); Hüffer, § 327b AktG Rn. 10; Grzimek, in: Geibel/Süßmann, § 327b AktG Rn. 42.

und die Gefahr einer zunächst bewusst zu niedrigen Festsetzung der Barabfindung[17].

V. Verzinsung der Barabfindung

Nach dem Wortlaut des § 327b Abs. 2 AktG ist die Barabfindung (erst) „von der Bekanntmachung der Eintragung des Übertragungsbeschlusses in das Handelsregister" an zu verzinsen. Die Aktien der Minderheitsaktionäre gehen aber schon mit der Eintragung des Übertragungsbeschlusses in das Eigentum des Hauptaktionärs über (§ 327e Abs. 3 Satz 1 AktG). In dieser – möglicherweise geringfügigen – Zwischenphase zwischen Eintragung und Bekanntmachung der Eintragung erhält der Minderheitsaktionär keine Zinsen. Das wird ebenso wie die Zinshöhe beanstandet[18].

VI. Spruchverfahren

Spruchstellenverfahren waren bislang nicht effektiv. Zwar führten sie nahezu durchweg zu – überwiegend erheblichen – Anhebungen von Abfindungen, sie dauerten aber nach allgemeiner Einschätzung viel zu lange[19]. Zur Beschleunigung der Spruchverfahren nimmt das Gesetz zur Neuordnung des gesellschaftsrechtlichen Spruchverfahrens vom 12. Juni 2003[20] die Antragsteller, also bezogen auf den Squeeze out die ausgeschlossenen Minderheitsaktionäre, verfahrensrechtlich stärker in die Pflicht. Es setzt darauf, den schon außergerichtlich bestellten Prüfer, den die Gesetzesbegründung als unabhängigen Prüfer bezeichnet[21], auch im gerichtlichen Verfahren heranzuziehen und seinen Aussagen und Prüfungsunterlagen einen höheren Beweiswert zuzumessen. Daran wird kritisiert, dass der Gesetzgeber sich Illusionen über die Stellung dieser Prüfer mache und verkenne, dass sie nichts anderes seien als Parteigutachter[22].

---

17 Sieger/Hasselbach, ZGR 2002, 120 (151); Steinmeyer/Häger, § 327f AktG Rn. 15, 23; Meilicke, DB 2001, 2387 (2389).
18 Heidel/Lochner, in: Heidel, Aktienrecht, § 327b AktG Rn. 9.
19 So auch die Begründung des Entwurfs für das Gesetz zur Neuordnung des Gesellschaftsrechtlichen Spruchverfahrens, BT-Drs. 15/371, S. 1. Vgl. nur Meilicke/Heidel, DB 2003, 2267ff.
20 BGBl I, S. 838.
21 Vgl. BT-Drs. 15/371, S. 1.
22 Vgl. Meilicke/Heidel, DB 2003, 2267 (2272).

Repräsentative empirische Untersuchungen zu einer Erhöhung der Abfindung im Spruchverfahren bei Squeeze outs gibt es noch nicht. Gleichwohl lässt sich eine deutliche Tendenz erkennen. So führten bisher sämtliche aus Anlass eines Squeeze out eingeleiteten und schon abgeschlossenen Spruchverfahren zu einer Erhöhung der Abfindung[23]. In einem Fall wurde die Abfindung sogar um 400% (!) erhöht. Selbst bei dem für den Hauptaktionär günstigsten Fall, einigten sich die Beteiligten noch auf eine Erhöhung der Abfindung um immerhin 15,2%. Im Durchschnitt wurde die Abfindung um 100,6% angehoben. Es scheint also so, dass auch die Prüfung durch einen gerichtlich bestellten Angemessenheitsprüfer nicht verhindern konnte, dass jedenfalls in den in den Jahren 2002 und 2003 durchgeführten Verfahren den Minderheitsaktionären durchschnittlich nur die Hälfte der tatsächlich geschuldeten Abfindung angeboten wurde. Damit setzt sich der aus den bisherigen Spruchstellenverfahren bekannte Trend zur signifikanten Erhöhung der Abfindung auch bei Squeeze out-Spruchverfahren fort[24].

---

23 Näher Rathausky, AG-Report 2004, 24 f.
24 Rathausky, AG-Report 2004, 24 (26).

§ 4 Squeeze out und Eigentumsgarantie

Verfassungsrechtlich müssen sich die Regelungen über den Squeeze out in erster Linie an der Eigentumsgarantie (Art. 14 GG) messen lassen.

I. Enteignung oder Inhaltsbestimmung

Zunächst stellt sich die Frage, ob die Regelungen des Squeeze out in den §§ 327a–f AktG eine Enteignung im Sinne von Art. 14 Abs. 3 GG oder lediglich eine Inhaltsbestimmung des Eigentums im Sinne von Art. 14 Abs. 1 Satz 2 GG darstellen.

1. Bedeutung

Die praktische Bedeutung dieser Unterscheidung liegt in den höheren verfassungsrechtlichen Anforderungen an eine (zulässige) Enteignung.

Für die Enteignung folgt aus Art. 14 Abs. 3 GG, dass eine Entziehung fremden Eigentums allein zum Wohl der Allgemeinheit stattfinden darf[25], wobei fiskalische Interessen nicht genügen[26]. Diese Anforderungen gelten auch für eine Enteignung zugunsten privater Personen, wobei der Gesetzgeber dann auch sicherzustellen hat, dass der im Allgemeininteresse liegende Zweck der Maßnahme erreicht und dauerhaft gesichert wird[27]. Hinzu kommen die Vorgaben zur Entschädigung[28].

Demgegenüber ist die Inhalts- und Schrankenbestimmung des Eigentums nach Art. 14 Abs. 1 Satz 2 GG nach dem aktuellen Stand der Eigentumsdogmatik des BVerfG dem Gebot der sachgerechten gesetzgeberischen Abwägung unterworfen[29]. Eine Entschädigungspflicht besteht bei Inhaltsbestimmungen nur ausnahmsweise und im Wesentlichen bei atypischen Fällen[30].

---

25 BVerfGE 14, 263 (278) – Feldmühle.
26 BVerfGE 38, 175 (180); Depenheuer, in: von Mangoldt/Klein/Starck, Art. 14 GG Rn. 431.
27 BVerfGE 74, 264 (286 ff.); siehe dazu Papier, in: Maunz/Dürig, Art. 14 GG Rn. 593; Lenz, NordÖR 2002, 442 (445).
28 Junktim-Klausel, Art. 14 Abs. 3 Sätze 2 und 3 GG.
29 Vgl. die Rechtsprechung zusammenfassend Papier, in: Maunz/Dürig, Art. 14 GG Rn. 310 f.; kritisch zum Abwägungsmodell des BVerfG Sieckmann, in: Friauf/Höfling, Art. 14 GG Rn. 9–14, 22.
30 „Entschädigungspflichtige Sozialbindung" bzw. „ausgleichspflichtige Inhaltsbestimmung" im Anschluss an BVerfGE 58, 137 (151) – Pflichtexemplare.

2. Bisherige, thematisch einschlägige Rechtsprechung des BVerfG

Das BVerfG hat bislang zumindest vier benachbarte, weil thematisch mit dem Squeeze out verwandte Konstellationen entschieden. Es ist jeweils nur von einer Eigentumsinhaltsbestimmung ausgegangen.

a) Feldmühle

In der Feldmühle-Entscheidung[31] ging es um die Verfassungsmäßigkeit der Mehrheitsumwandlung einer Aktiengesellschaft auf eine andere Aktiengesellschaft, die zum Ausscheiden der Minderheitsaktionäre gegen Abfindung führte. Das BVerfG hat seinerzeit darauf abgestellt, eine Enteignung müsse stets vom Staat oder doch von einem mit staatlichen Zwangsrechten beliehenen Unternehmen ausgehen. Wenn der Gesetzgeber der Hauptversammlung generell die Befugnis gibt, eine Mehrheitsumwandlung zu beschließen, so verleihe er nicht eine Enteignungsbefugnis, sondern ermächtige die Hauptversammlung zu einer Umgestaltung der privatrechtlichen Beziehung zwischen den Aktionären. Auch die Entscheidung des Registergerichts, die Umwandlung einzutragen, sei kein staatlicher Eingriff in das Eigentum der Minderheitsaktionäre. Das Registergericht treffe keine rechtsgestaltende Maßnahme, sondern stelle lediglich fest, dass der Eintragung kein rechtliches Hindernis entgegensteht. Die Einräumung der Umwandlungsbefugnis sei auch keine „Enteignung durch das Gesetz", denn das Umwandlungsgesetz selbst greife nicht unmittelbar in bestehende Rechte ein, sondern grenze lediglich für den Fall der Umwandlung die Befugnisse zwischen Mehrheit und Minderheit in einer Aktiengesellschaft allgemein ab[32].

Auf diese Weise überbrückt das BVerfG den gegen eine Inhaltsbestimmung sprechenden Gesichtspunkt des völligen Verlustes der bisherigen Eigentumssubstanz (Aktie). Nicht zuletzt deshalb wird die seinerzeitige Einordnung der Mehrheitsumwandlung als Inhaltsbestimmung auch heute noch in der Kommentarliteratur in Zweifel gezogen[33].

b) DAT/Altana

Das BVerfG hat in dieser Entscheidung[34] im Jahr 1999 die Regelungen über Beherrschungs- und Gewinnabführungsverträge (§§ 291 ff. AktG) und über

---

31 BVerfGE 14, 263.
32 Vgl. zum Ganzen BVerfGE 14, 263 (277) – Feldmühle.
33 Zuletzt etwa Berkemann, in: Umbach/Clemens, Mitarbeiterkommentar zum Grundgesetz, Art. 14 GG Rn. 469.
34 BVerfGE 100, 289 = NJW 1999, 3769.

die Eingliederung (§§ 320 ff. AktG) als Inhalts- und Schrankenbestimmungen des Eigentums im Sinne von Art. 14 Abs. 1 Satz 3 GG eingestuft, ohne dies im Einzelnen näher zu begründen[35].

c) Moto-Meter

Den Moto-Meter-Fall[36] hat anders als Feldmühle und DAT/Altana nicht der Senat, sondern nur eine Kammer entschieden. Die Kammer hat sich gar nicht mehr die Mühe gemacht, ausdrücklich festzustellen, dass es sich bei den Regelungen über die sogenannte „übertragende Auflösung" nicht um eine Enteignung handelt. Sie geht ganz selbstverständlich von einer Inhalts- und Schrankenbestimmung im Sinne von Art. 14 Abs. 1 Satz 2 GG aus[37].

d) H-AG

Die Kammerentscheidung zum Fall der H-AG[38] sicht in den Regelungen der §§ 339 ff. AktG a.f. hinsichtlich der gerichtlichen Nachprüfung des Umtauschverhältnisses bei einer Verschmelzung Inhaltsbestimmungen des Eigentums[39].

3. Allgemeiner Stand der Dogmatik zur Abgrenzung von Enteignung und Inhaltsbestimmung

Ob die Regelungen über den Squeeze out wirklich nur als Eigentumsinhaltsbestimmung anzusehen sind, wie es von der einschlägigen Rechtsprechung des BVerfG zu benachbarten Themen nahegelegt wird, bedarf der Überprüfung nach den Maßstäben, die das BVerfG im Allgemeinen zur Abgrenzung von Enteignung und Eigentumsinhaltsbestimmung entwickelt hat und praktiziert.

Das BVerfG ist in Abkehr von den früher herrschenden materiellen Abgrenzungsversuchen zu einer formellen Unterscheidung von Inhaltsbestimmungen einerseits und Enteignungen andererseits zurückgekehrt. Inhalts- und Schrankenbestimmungen definiert das BVerfG als die „generelle und abstrakte Festlegung von Rechten und Pflichten durch den Gesetzgeber hinsichtlich solcher Rechtsgüter, die als Eigentum im Sinne der Verfassung zu

---

35 BVerfGE 100, 289 (302).
36 BVerfG ZIP 2000, 1670 = NJW 2001, 2799 = AG 2001, 42.
37 BVerfG ZIP 2000, 1670 (1672).
38 BVerfG NZG 2003, 1016.
39 BVerfG NZG 2003, 1016 (1017).

verstehen sind"[40]. Dagegen ist die Enteignung „auf die vollständige oder teilweise Entziehung konkreter subjektiver Eigentumspositionen im Sinne des Art. 14 Abs. 1 Satz 1 GG zur Erfüllung bestimmter öffentlicher Aufgaben gerichtet"[41]. In der Entscheidung zum Vorkaufsrecht hat das BVerfG klargestellt, dass der vollständige Entzug wohl erworbener Rechte bei der Neugestaltung eines Rechtsgebiets keine Enteignung darstellt. Trotzdem ist bei seiner Beurteilung das in Art. 14 Abs. 3 GG zum Ausdruck kommende Gewicht des Eigentumsschutzes bei der Abwägung zu beachten[42].

Der wesentliche Unterschied dieser Judikatur zum „klassischen" Enteignungsbegriff schien nur noch darin zu bestehen, dass ein Güterbeschaffungsvorgang nicht vorzuliegen brauchte[43]. Auf diese Frage kam es bei der Einordnung der Umlegung nach dem BauGB an. Der Erste Senat stufte die Umlegung mit Beschluss vom 22. Mai 2001 nicht als Enteignung, sondern als Inhalts- und Schrankenbestimmung des Eigentums ein, indem er endgültig zur Gleichsetzung der Enteignung mit dem Güterbeschaffungsvorgang zurückkehrte. Wörtlich heißt es[44]:

„Mit der Enteignung greift der Staat auf das Eigentum des Einzelnen zu. Sie ist auf die vollständige oder teilweise Entziehung konkreter subjektiver, durch Art. 14 Abs. 1 Satz 1 GG gewährleisteter Rechtspositionen zur Erfüllung bestimmter öffentlicher Aufgaben gerichtet (vgl. BVerfGE 101, 239 [259]; 102, 1 [15f.]; st. Rspr.). Die Enteignung setzt den Entzug konkreter Rechtspositionen voraus, aber nicht jeder Entzug ist eine Enteignung im Sinne von Art. 14 Abs. 3 GG. Diese ist beschränkt auf solche Fälle, in denen Güter hoheitlich beschafft werden, mit denen ein konkretes, der Erfüllung öffentlicher Aufgaben dienendes Vorhaben durchgeführt werden soll (vgl. BVerfGE 38, 175 [179f.]). Ist mit dem Entzug bestehender Rechtspositionen der Ausgleich privater Interessen beabsichtigt, kann es sich nur um eine Inhalts- und Schrankenbestimmung des Eigentums handeln (vgl. dazu BVerfGE 101, 239 [259])."

---

40 Zuletzt BVerfGE 100, 226 (240) – Rheinland-Pfälzisches Denkmalschutzrecht; BVerfGE 58, 300 (330).
41 BVerfGE 100, 226 (239 f.); BVerfGE 70, 191 (199 f.).
42 BVerfGE 83, 201 (212 f.).
43 Papier, in: Maunz/Dürig, Art. 14 GG Rn. 661; für diese Rückkehr Bryde, in: von Münch/Kunig, Art. 14 GG Rn. 58.
44 BVerfGE 104, 1 (9 f.).

4. Ergebnis

Damit führen sowohl die allgemeine Dogmatik des BVerfG zur Abgrenzung zwischen Enteignung und Eigentumsinhaltsbestimmung wie die thematisch einschlägige Rechtsprechung des BVerfG zum Anteilseigentum zum selben Ergebnis: Einführung und Ausgestaltung des Squeeze out sind keine Enteignung, sondern lediglich eine Inhaltsbestimmung des Eigentums im Sinne von Art. 14 Abs. 1 Satz 2 GG.

II. Verfassungsrechtliche Anforderungen an die Rechtfertigung von Eigentumsinhaltsbestimmungen

Als Eigentumsinhaltsbestimmungen müssen sich die Regelungen, die den Squeeze out einführen und näher ausgestalten, an den Anforderungen messen lassen, an die Art. 14 GG den eigentumsinhaltsbestimmenden oder -verändernden Gesetzgeber gebunden hat. Diese Vorgaben lassen sich zweifellos – wie bei jeder Rechtsnorm – im Wege der Auslegung unterschiedlich bestimmen; vor dem Hintergrund einer seit über 50 Jahren praktizierten Rechtsprechung des BVerfG zur Auslegung des Grundgesetzes und damit auch der Eigentumsgarantie kann es hier aber nur um die verfassungsrechtlichen Maßstäbe gehen, die sich in dieser Rechtsprechung herausgebildet haben. Damit ist nicht gesagt, dass die in den Senatsentscheidungen „Feldmühle und DAT/Altana" zu Beschränkungen von Anteilseigentum aufgestellten Grundsätze (dazu unter 1) unbesehen zugrundegelegt werden müssen. Dies würde dann nicht gelten, wenn die sonstige, allgemeine Spruchpraxis des BVerfG zur Grenze von Eigentumsinhaltsbestimmungen vergleichbarer Tragweite eine Korrektur der Grundsätze von „Feldmühle" und „DAT/Altana" nahe legt oder sogar erzwingt (dazu unter 2).

1. Grundsätze aus Feldmühle und DAT/Altana

Diese Grundsätze hat das BVerfG in der DAT/Altana-Senatsentscheidung vom 27. April 1999 selbst wie folgt zusammengefasst[45] – Hervorhebungen von uns):

„Wie das Bundesverfassungsgericht im Feldmühle-Urteil (BVerfGE 14, 263) festgestellt hat, schließt Art. 14 Abs. 1 GG die Eingliederung einer Aktiengesellschaft in einen Konzern gegen den Willen einer Aktionärsminderheit nicht aus, obwohl diese dadurch eine erhebliche Minderung

---

45 BVerfGE 100, 289 (302 f.).

§ 4 Squeeze out und Eigentumsgarantie

oder sogar einen Verlust ihrer in der Aktie verkörperten Rechtsposition erleidet. Der Gesetzgeber kann es vielmehr aus *gewichtigen Gründen des Gemeinwohls* für angebracht halten, die Interessen der Minderheitsaktionäre an der Haltung der Vermögenssubstanz hinter die Interessen an einer freien Entfaltung der unternehmerischen Initiative im Konzern zurücktreten zu lassen (BVerfGE 14, 263 [281 f.]).

Voraussetzung für die Zulässigkeit einer solchen gesetzgeberischen Wertung ist allerdings, dass die berechtigten Interessen der zum Ausscheiden gezwungenen Minderheitsaktionäre gewahrt bleiben. Dazu gehört neben *wirksamen Rechtsbehelfen gegen einen Missbrauch wirtschaftlicher Macht* vor allem eine *Entschädigung für den Verlust der Rechtsposition*. Anders als bei Enteignungen zum Wohl der Allgemeinheit (vgl. BVerfGE 24, 367 [421]) kommt als Entschädigung in diesem Fall, in dem der Hauptaktionär den Nutzen aus der Konzernierungsmaßnahme zieht, aber nur eine volle Abfindung in Betracht. Der Ausscheidende muss erhalten, was seine gesellschaftliche Beteiligung an dem arbeitenden Unternehmen wert ist (vgl. BVerfGE 14, 283 [283 f.])."

Das BVerfG hat daran auch im Anschluss festgehalten, sowohl in der Moto-Meter-Entscheidung[46] wie in der weiteren Kammerrechtsprechung zu aktienrechtlichen Eigentumsfragen[47].

Über die Vorschriften des Squeeze out selbst, also über die §§ 327a–f AktG, hat das BVerfG in der Sache bislang nicht entschieden; eine Gesetzesverfassungsbeschwerde hat die 2. Kammer des Ersten Senats mit Beschluss vom 20. September 2002 als unzulässig angesehen[48].

---

46 BVerfG ZIP 2000, 1670 (1671 f.).
47 Vgl. BVerfG, Beschluss vom 25. Juli 2003 – 1 BvR 234/01, NZG 2003, 1016; BVerfG, Beschluss der 2. Kammer des Ersten Senats vom 20. September 2002 – 1 BvR 1691/02; BVerfG, Beschluss der 1. Kammer des Ersten Senats vom 10. Dezember 1999 – 1 BvR 1603/99; BVerfG, Beschluss der 1. Kammer des Ersten Senats vom 10. Dezember 1999 – 1 BvR 1677/99; BVerfG, Beschluss der 1. Kammer des Ersten Senats vom 9. September 1999 – 1 BvR 301/89; BVerfG, Beschluss der 1. Kammer des Ersten Senats vom 27. Januar 1999 – 1 BvR 1638/94; BVerfG, Beschluss der 1. Kammer des Ersten Senats vom 27. Januar 1999 – 1 BvR 1805/94, WM 1999, 435.
48 1 BvR 1681/02.

2. Allgemeinere Rechtsprechung zur Umgestaltung privatrechtlicher Beziehungen

Die „ganz normale" Eigentumsinhaltsbestimmung bedarf zu ihrer Rechtfertigung „nur" eines legitimen Zwecks und muss verhältnismäßig sein. Für Eigentumsinhaltsbestimmungen, die in erster Linie dem Ausgleich privater Interessen dienen, ist dieses Grundkonzept vom BVerfG zu einer Abwägungskonzeption erweitert worden. Gerade nach der neueren Rechtsprechung des BVerfG[49] ist der Gesetzgeber,

„... wenn er von der Ermächtigung zur Inhalts- und Schrankenbestimmung Gebrauch macht, insbesondere verpflichtet, die Interessen der Beteiligten in einen gerechten Ausgleich und ein ausgewogenes Verhältnis zu bringen. Eine einseitige Bevorzugung oder Benachteiligung steht mit der verfassungsrechtlichen Vorstellung eines sozialgebundenen Privateigentums nicht in Einklang (vgl. BVerfGE 101, 239 [259]; st. Rspr.)."

Die konkrete Anwendung dieser Grundsätze in der letzten Leitentscheidung (zur Umlegung) verdeutlicht, dass das BVerfG in diesem Zusammenhang ein legitimes Regelungsziel[50] ebenso verlangt wie einen angemessenen Ausgleich[51]. Das schließt neben der Verhältnismäßigkeitsprüfung im engeren Sinne, um die es im konkreten Fall alleine ging, die vorgelagerten Stufen der Eignung des gewählten Eingriffsmittels und der Erforderlichkeit im Sinne der Wahl des schonendsten Mittels ein[52].

Bei der gebotenen Abwägung ist ähnlich wie bei einfach-rechtlichen Abwägungen zu differenzieren. Der in den Normbereich des Eigentumsgrundrechts einwirkende Gesetzgeber hat das Gebot der gerechten Abwägung als Anforderung sowohl an den Vorrang des Abwägens wie an den Inhalt der getroffenen Abwägungsentscheidung zu beachten. Diese Anforderung sowohl an das Gesetzgebungsverfahren wie an den Inhalt, das Abgewogensein und das Abgestimmtsein des Abwägungsergebnisses sind rechtsstaatliche Mindestanforderungen einer rechtsfehlerfreien Ausübung legislatorischer Gestaltungsfreiheit im Grundrechtsbereich. Auch das Gesetzgebungsverfahren unterliegt mithin rechtsstaatlichen Mindestanforderungen: Der gesetzgeberische Eingriff muss auf einem annähernd vollständigen und von zutreffenden tatsächlichen Annahmen getragenen Abwägungsvorgang beruhen. Hat sich der Gesetzgeber von „fehlerhaften Annahmen und unvollständigen

---

49 BVerfGE 104, 1 (11) – Umlegung.
50 BVerfGE 104, 1 (11).
51 BVerfGE 104, 1 (12 f.).
52 Vgl. Papier, in: Maunz/Dürig, Art. 14 GG Rn. 315.

Erwägungen" leiten lassen, so konnte eine Abwägung zwischen den verschiedenen Gesichtspunkten einschließlich einer Prüfung schonenderer Maßnahmen im Gesetzgebungsverfahren „nicht sachgemäß erfolgen". Es ist gerade bei wirtschaftslenkenden Eigentumseingriffen zu prüfen, ob der Gesetzgeber sich die Kenntnis von der zur Zeit des Erlasses des Gesetzes bestehenden tatsächlichen Ausgangslage in korrekter und ausreichender Weise verschafft hat. Sofern der Gesetzgeber die ihm zur Verfügung stehenden Erkenntnismittel benutzt hat, müssen Irrtümer über den Verlauf der wirtschaftlichen Entwicklung – abgesehen von möglichen Korrekturverpflichtungen des Gesetzgebers – in Kauf genommen werden[53].

Während also vertretbare Prognosen des Gesetzgebers hinzunehmen sind[54] entfällt die Bindung des BVerfG an Wertungen und Erwägungen des Gesetzgebers, „wenn sie eindeutig widerlegbar oder offenkundig fehlsam sind oder der Wertordnung des Grundgesetzes widersprechen"[55].

3. Harmonisierter Maßstab

Die beiden dargestellten Prüfungsmaßstäbe unterscheiden sich nur auf den ersten Blick erheblich; der vom BVerfG bislang in Fragen des Anteilseigentums zugrundegelegte Maßstab bleibt nicht hinter den allgemeinen Maßstäben zurück, wenn man ihn sinngerecht versteht.

Nicht sachgerecht und das BVerfG verkürzend ist das gerade im gesellschaftsrechtlichen Schrifttum häufig anzutreffende Verständnis, den Rechten der Minderheitsaktionäre sei schon dadurch ausreichend Rechnung getragen worden, weil sie eine Abfindung in voller Höhe erhalten[56].

Richtigerweise ist die Abfindung in voller Höhe nur eine von zwei Voraussetzungen (neben dem Erfordernis wirksamer Rechtsbehelfe gegen einen Missbrauch wirtschaftlicher Macht[57]), damit der Gesetzgeber überhaupt zu der Wertung kommen darf, dass die Interessen der Minderheitsaktionäre an der Erhaltung der Vermögens*substanz* hinter den Interessen an einer freien

---

53 Vgl. zum Vorstehenden Papier, in: Maunz/Dürig, Art. 14 GG Rn. 314 mit Hinweisen auf die Rechtsprechung des BVerfG.
54 BVerfGE 76, 220 (240).
55 BVerfGE 24, 367 (406); Lenz, NordÖR 2002, 442 (445 f.).
56 So wohl OLG Köln BB 2003 2307 (2309); OLG Hamburg ZIP 2003, 2076 (2077); Steinmeyer/Häger, § 327a AktG Rn. 9; Grzimek, in: Geibel/Süßmann, § 327a AktG Rn. 30; Sieger/Hasselbach, ZGR 2002, 120 (127); Fleischer, ZGR 2002, 757 (764); Krieger, BB 2002, 53 (54); Hamann, S. 27.
57 Vgl. BVerfGE 100, 289 (302) – DAT/Altana, dem folgend etwa auch OLG Stuttgart ZIP 2003, 2363 (2366); LG Berlin ZIP 2003, 1352 (1355).

Entfaltung der unternehmerischen Initiative im Konzern zurücktreten müssen. Diese beiden Voraussetzungen sind nach der Rechtsprechung des BVerfG notwendig, aber noch nicht hinreichend. Sie sind Vorbedingungen.

Die eigentliche Hauptbedingung ist, dass die Verdrängung der Minderheitsaktionäre aus ihrer Eigentumssubstanz durch gewichtige Gründe des Gemeinwohls gerechtfertigt ist[58]. Für diese – bei Grundrechtsprüfungen nicht ungewöhnliche – Prüfung genügt es nicht, abstrakt einen gewichtigen Grund des Gemeinwohls zu benennen. Der gewichtige Gemeinwohlgrund muss vielmehr im Konkreten ins Verhältnis zu den Nachteilen für die betroffenen Grundrechteinhaber gesetzt werden. Auch insoweit gelten also die allgemeinen Ausprägungen des Prinzips der Verhältnismäßigkeit (Eignung, Erforderlichkeit und Zumutbarkeit) ebenso wie die verfahrensrechtlichen Anforderungen an den Abwägungsvorgang[59].

Weder die Senatsentscheidungen Feldmühle und DAT/Altana noch die Moto-Meter-Entscheidung stehen dem nach ihrem Wortlaut und Sinn entgegen. Allerdings bleibt es auch insoweit dabei, dass der Gesetzgeber sowohl bei der Zweckbestimmung wie bei den Einzelelementen des Verhältnismäßigkeitsgrundsatzes über einen gewissen Beurteilungsspielraum verfügt, den das BVerfG akzeptiert und nicht überprüft. Dieser Beurteilungsspielraum kommt in den Entscheidungen Feldmühle und DAT/Altana durch die Formulierung zum Ausdruck, der Gesetzgeber könne es aus gewichtigen Gründen des Allgemeinwohls „für angebracht halten" Interessen der Minderheitsaktionäre zurücktreten zu lassen[60].

4. Ergebnis

Zusammengefasst ergibt sich aus Art. 14 Abs. 1 GG folgender Prüfungsmaßstab für Eingriffe in das Anteilseigentum von Minderheitsaktionären zugunsten des Hauptaktionärs:

– Erstens muss der Gesetzgeber wirksame Rechtsbehelfe gegen einen Missbrauch wirtschaftlicher Macht (des Hauptaktionärs) vorsehen.
– Zweitens muss er sicherstellen, dass der Hauptaktionär dem Minderheitsaktionär den Verlust seiner Rechtsposition voll entschädigt, der ausscheidende Aktionär also alles erhält, was seine gesellschaftliche Beteiligung an dem arbeitenden Unternehmen wert ist.

---

58 Grundlegend schon BVerfGE 14, 263 (282 f.) – Feldmühle.
59 Siehe oben S. 17 f.
60 BVerfGE 100, 289 (302); BVerfGE 14, 263 (282).

- Drittens muss der Gesetzgeber hinreichend gewichtige Gründe des Gemeinwohls verfolgen.
- Viertens muss er dabei den Grundsatz der Verhältnismäßigkeit in seinen drei Ausprägungen wahren und
- Fünftens muss er die Vorgaben für das Abwägungsverfahren einhalten, insbesondere für die Sachverhaltsermittlungen und die Anforderungen an Prognosen.

Diese Anforderungen legen wir im Folgenden bei der Prüfung der Regelungen des Squeeze out zugrunde.

III. Vorbedingung 1: Wirksame Rechtsbehelfe gegen einen Missbrauch wirtschaftlicher Macht

1. Verfassungsrechtliche Maßstäbe

Die erste Vorbedingung betrifft die Forderung nach wirksamen Rechtsbehelfen gegen einen Missbrauch wirtschaftlicher Macht. Schon aus dieser vom BVerfG geprägten Formulierung wird deutlich, dass es um einen erst nachträglichen Schutz gegen Missbrauch geht und zwar um einen Schutz durch Gerichte. So gesehen betrifft die vom BVerfG aufgestellte Vorbedingung 1 letztlich das Thema des Art. 19 Abs. 4 GG. Was damit gemeint ist, steht schon in der Feldmühle-Entscheidung[61] (Hervorhebung von uns):

„Das allgemeine Aktienrecht gewährt dem Minderheitsaktionär *gegen Machtmissbrauch des Hauptaktionärs* ausreichend wirksamen *Schutz durch Nichtigkeits- und Anfechtungsklage*. Wenn auch Fälle der Nichtigkeit in Anbetracht der abschließenden Regelung des § 195 AktG selten sein werden, so werden doch Beschlüsse, die einen Machtmissbrauch des Großaktionärs darstellen, als Gesetzesverletzung immer einen Tatbestand des § 197 AktG erfüllen. Gesetzesverletzung in diesem Sinne liegt nach herrschender Ansicht vor, wenn ein Hauptversammlungsbeschluss nach Beweggrund und Zweck gegen die guten Sitten verstößt, in dem die Mehrheit bewusst eigensüchtig die Interessen der Minderheit gröblich verletzt, ohne dass das Interesse der Gesellschaft es erheischt. Missbrauch kann auch vorliegen, wenn alle formalen Voraussetzungen einer Mehrheitsumwandlung gegeben sind; die formalen Befugnisse des Umwandlungsrechts überlagern ebenso wenig wie die des sonstigen Aktienrechts die

---

61 BVerfGE 14, 263 (283 f.).

Wirksamkeit der §§ 195 und 197 AktG. Über die Voraussetzungen im Einzelnen haben die ordentlichen Gerichte zu entscheiden."

Das BVerfG hat in der Feldmühle-Entscheidung damit der Möglichkeit der Anfechtungsklage eine zentrale Rolle bei der Rechtfertigung von Eingriffsrechten des Mehrheitsaktionärs gegenüber dem Minderheitsaktionär zugebilligt. Kurz gesagt: Ohne effektive Anfechtungsmöglichkeit des Minderheitsaktionärs keine Verdrängungsrechte des Hauptaktionärs gegenüber Minderheitsaktionären.

Die Entscheidungen DAT/Altana und Moto-Meter haben sich davon nicht gelöst. In DAT/Altana gibt das BVerfG zunächst die Formulierung aus Feldmühle wieder[62]. Darunter subsumiert der Senat in DAT/Altana auch, wenn er ausreichende Schutzvorkehrungen für die außenstehenden Aktionäre mit folgender Formulierung als gegeben ansieht[63]:

„Mit der Möglichkeit, Anfechtungsklage nach den §§ 243 ff. AktG gegen den Zustimmungsbeschluss der Hauptversammlung zu dem Unternehmensvertrag (§ 293 AktG) oder der Eingliederung (§ 320 AktG) zu erheben, haben die Minderheitsaktionäre einen wirksamen Rechtsbehelf gegen einen denkbaren Missbrauch wirtschaftlicher Macht."

Auch DAT/Altana sieht den wirksamen Rechtsbehelf gegen einen Missbrauch wirtschaftlicher Macht darin, dass für jeden einzelnen Aktionär in vollem Umfang die Anfechtungsklage gegen den Hauptversammlungsbeschluss möglich ist. Der nachfolgende, mit „vor allem" beginnende Abschnitt der weiteren Begründung in der DAT/Altana-Entscheidung ändert am Erfordernis der Anfechtungsmöglichkeit nichts. Das BVerfG stellt zwar auf den materiellen Abfindungsanspruch, auf dessen Höhe und auf die verfahrensrechtliche Absicherung durch die Möglichkeit eines Spruchverfahrens ab. Darin liegt aber keine Aufweichung des zuvor behandelten Erfordernisses voller Anfechtungsmöglichkeiten. Die uneingeschränkte Möglichkeit der Anfechtungsklage gegen entsprechende Hauptversammlungsbeschlüsse betrifft das Erfordernis wirksamer Rechtsbehelfe gegen einen Missbrauch wirtschaftlicher Macht durch den Hauptaktionär. Der angemessene Ausgleich, seine Höhe und seine verfahrensrechtliche Absicherung betreffen dagegen schon die zweite Voraussetzung, wonach der auszuscheidende Aktionär alles zu erhalten hat, was seine gesellschaftliche Beteiligung an dem arbeitenden Unternehmen wert ist.

---

62 BVerfGE 100, 289 (303).
63 BVerfGE 100, 289 (304).

Aus Moto-Meter ergibt sich nichts anderes. Dort heißt es zwar, es müssten hinreichende Schutzrechte auch für die Minderheitsaktionäre eröffnet sein, diese dürften sich allerdings auf die Vermögenskomponente der Beteiligung konzentrieren[64]. Das ist aber missverständlich und nicht wörtlich gemeint. Denn auch die Moto-Meter-Entscheidung betont im Folgenden[65] unter ausdrücklicher Anknüpfung an BVerfGE 100, 289 (303), dass sowohl eine Entschädigung für den Verlust der Rechtsposition wie ein wirksamer Schutz gegen einen Missbrauch wirtschaftlicher Macht erforderlich ist.

2. Probleme beim Squeeze out

Das führt zu zwei an § 327f Satz 1 AktG anknüpfenden Fragen. Nach dieser Vorschrift ist die Anfechtungsmöglichkeit von Hauptversammlungsbeschlüssen über ein Squeeze out abweichend von den allgemeinen Regeln in zwei Punkten gegenständlich beschränkt. Die Anfechtungsklage kann weder auf die „Sondervorteils-Regelung" des § 243 Abs. 2 AktG gestützt werden noch darauf, dass die durch den Hauptaktionär festgelegte Barabfindung nicht angemessen ist. Während die zuletzt genannte Thematik auf das Spruchverfahren verwiesen ist (§ 327f Satz 2 AktG) kann der Anfechtungsgrund des § 243 Abs. 2 AktG in keinem gerichtlichen Verfahren vorgebracht werden.

a) Unangemessene Barabfindung kein Anfechtungsgrund

Zunächst zum Ausschluss des Anfechtungsgrundes einer unangemessen festgelegten Barabfindung: Gegen diese Regelung kann eingewandt werden, auch im Bereich echter Enteignung (Güterbeschaffung durch den Staat), wie sie sich etwa in den §§ 85 ff. BauGB findet, führe ein nennenswert zu niedriges Angebot desjenigen, der die Enteignung beantragt hat, zur Unbegründetheit seines Antrags oder zur gerichtlichen Aufhebung eines gleichwohl zu seinen Gunsten ergangenen Enteignungsbeschlusses. Die dazu in Anlehnung an § 87 Abs. 2 Satz 1 BauGB ergangene Rechtsprechung des Bundesgerichtshofs[66] hat Erwerbsangebote in Höhe von 66, 75 und 77% des „wahren" Werts als nicht mehr angemessen eingestuft. Umstritten und in der Rechtsprechung des Bundesgerichtshofs offen gelassen ist aber, welche Rechtsfolge die fehlende Angemessenheit des Angebotes hat, ob also die Enteignung an dieser fehlenden Verfahrensvoraussetzung scheitert und ein

---

64 BVerfG ZIP 2000, 1670 (1671).
65 BVerfG ZIP 2000, 1670 (1672).
66 Vgl. Runkel, in: Ernst/Zinkahn/Bielenberg, § 87 BauGB Rn. 92; Reisnecker, in: Brügelmann § 87 BauGB Rn. 36.

schon ergangener Enteignungsbeschluss aufzuheben ist[67] oder ob die Enteignung zu angemessenen Bedingungen auszusprechen ist[68]. Wenn die Rechtsfolgenfrage aber schon im einfachen Recht trotz jahrzehntelanger Geltung der einschlägigen Normen offen geblieben ist, wird man kaum annehmen können, sie sei durch Art. 14 GG verfassungsrechtlich in der einen Weise (Scheitern der Enteignung bei nicht angemessenem Angebot) vorgeprägt. Selbst eine solche Wertung der Verfassung könnte auf den hier interessierenden Fall des Squeeze out letztlich nicht übertragen werden, weil die Fälle des § 87 BauGB den Bereich echter Enteignung (Art. 14 Abs. 3 GG) betreffen, während die Regelungen über den Squeeze out „lediglich" Eigentumsinhaltsbestimmungen im Sinne von Art. 14 Abs. 1 Satz 2 GG sind.

Der Ausschluss des Anfechtungsgrundes einer unangemessenen festgelegten Barabfindung steht deshalb im Ergebnis nicht im Widerspruch zur Voraussetzung wirksamer Rechtsbehelfe gegen einen Missbrauch wirtschaftlicher Macht.

b) Ausschluss des Anfechtungsgrundes nach § 243 Abs. 2 AktG

Im Ergebnis nichts anderes gilt für den Ausschluss des Anfechtungsgrundes nach § 243 Abs. 2 AktG. Dieser Anfechtungsgrund ist nicht nur beim Squeeze out durch § 327f Satz 1 AktG ausgeschlossen, sondern genauso bei Beherrschungs- und Gewinnabführungsverträgen (§ 304 Abs. 3 Satz 2 AktG) und bei der Mehrheitseingliederung (§ 320b Abs. 2 Satz 1 AktG). Diese Ausschlüsse des Anfechtungsgrundes aus § 243 Abs. 2 AktG galten auch schon zum Zeitpunkt der DAT/Altana-Entscheidung. Sie sind vom BVerfG damals auch gesehen und im Sachverhalt erwähnt worden[69]. Das hat das BVerfG nicht an der Feststellung gehindert, dass die Möglichkeiten der Anfechtungsklage nach §§ 243 ff. AktG gegen die Zustimmungsbeschlüsse der Hauptversammlung zu Unternehmensverträgen (§ 293 AktG) oder zur Eingliederung (§ 320 AktG) wirksame Rechtsbehelfe gegen einen denkbaren Missbrauch wirtschaftlicher Macht darstellen[70]. Eine entsprechende Rüge, die man sich auch bezogen auf das Squeeze out vorstellen könnte, dürfte also vom BVerfG – zumindest konkludent – in DAT/Altana mit entschieden und

---

67 So wohl BVerwGE 19, 177.
68 Offen gelassen von BGHZ 90, 243 (245 f.); differenzierend Runkel, in: Ernst/Zinkahn/Bielenberg, § 87 BauGB Rn. 96 f.: grundsätzlich Enteignung zu angemessenen Bedingungen, nur ausnahmsweise bei offensichtlich unangemessenen Angeboten Scheitern der Enteignung.
69 BVerfGE 100, 289 (291).
70 BVerfGE 100, 289 (304).

verworfen sein. Natürlich könnte das BVerfG bei einer – eingehenderen – Überprüfung zu einer gegenteiligen Bewertung kommen. Dagegen spricht aber, dass § 243 Abs. 2 AktG in der Literatur gegenüber der Anfechtungsmöglichkeit des § 243 Abs. 1 AktG für weitgehend entbehrlich gehalten wird[71].

c) Informationsdefizite bei Rechtsmissbrauch

Vor einem Missbrauch wirtschaftlicher Macht durch den Hauptaktionär sind die Minderheitsaktionäre schließlich auch deshalb geschützt, weil die Möglichkeit bleibt, den Squeeze out-Beschluss anzufechten, wenn dieser in seiner Benachteiligung der Minderheit über das vom Gesetz vorgesehene Maß hinausgeht[72]. Wie jedes Rechtsinstitut steht der Squeeze out damit unter dem Vorbehalt des Rechtsmissbrauchs.

aa) Verfassung fordert nur effektive Erkennbarkeit von Missbrauchsfällen

Wann im Einzelfall tatsächlich ein rechtsmissbräuchlicher Squeeze out vorliegt, ist dabei eine Frage des einfachen Rechts, nicht des Verfassungsrechts. Dabei wird man aber schon wegen der bewussten Beschränkung des Squeeze out auf Aktiengesellschaften nicht von der Zulässigkeit eines einzig zum Zwecke des Herausdrängens einzelner GmbH-Gesellschafter erfolgenden Formwechsels in eine Aktiengesellschaft ausgehen können. Ebenso wenig wird man aufgrund der bewussten Beschränkung des Squeeze out auf Aktiengesellschaften, die über einen einzigen, mit 95% beteiligten Aktionär verfügen, von der Zulässigkeit des einzig zur vorübergehenden Kreation eines Hauptaktionärs erfolgenden Aktienpoolens oder Zwischenschaltens einer Zwischenholding („Zusammenschluss nur zum Ausschluss") ausgehen können. Und schließlich ist ein Squeeze out unter dem Gesichtspunkt des venire contra factum proprium unzulässig, wenn man die Minderheitsaktionäre erst kurz zuvor im Rahmen einer Gründung oder einer Kapitalerhöhung zu einer Investition in die Gesellschaft gebracht hat. Dies alles ist aber ausschließlich eine Frage der sachgerechten Auslegung des einfachen Rechts. Ebenso wenig wie die Fälle eines Missbrauchs wirtschaftlicher Macht auf die dargestellten Konstellationen beschränkt sind, liegt bei jeder vorangegangenen Kapitalmaßnahme, jedem vorangegangenen Formwechsel oder bei jedem

---

71 Hüffer, in: Münchener Kommentar zum Aktiengesetz, § 243 AktG Rn. 73.
72 Habersack, in: Emmerich/Habersack, § 327a AktG Rn. 27; Heidel/Lochner, in: Heidel, Aktienrecht, § 327a AktG Rn. 11; Grunewald, in: Münchener Kommentar zum AktG, § 327a AktG Rn. 19; zurückhaltender Hasselbach, in: Kölner Kommentar zum WpÜG, § 327a AktG Rn. 50 ff.; Markwardt, BB 2004, 277 ff.

Hauptaktionär in Form einer BGB-Gesellschaft zwingend ein Rechtsmissbrauch vor. Entscheidend sind insoweit die Umstände des Einzelfalles.

Von Verfassungs wegen geboten ist nur, dass die Minderheitsaktionäre in Fällen, in denen tatsächlich ein Rechtsmissbrauch vorliegt, nicht nur eine theoretische, sondern auch eine praktisch durchsetzbare Möglichkeit haben, dies zu erkennen. Denn ohne entsprechende Erkenntnismöglichkeit gibt es schon a priori keinen wirksamen Rechtsbehelf gegen einen Missbrauch wirtschaftlicher Macht. Ohne entsprechende Erkenntnismöglichkeit entfällt aber die verfassungsrechtlich zwingende Vorbedingung eines Squeeze outs.

bb) Verfassungsgebotene Konsequenz für die Auslegung

Regelmäßig werden die Minderheitsaktionäre nur den engen zeitlichen Zusammenhang zwischen Squeeze out und vorangegangener Kapitalmaßnahme (bzw. Formwechsel oder Schaffung eines Hauptaktionärs durch Poolen) erkennen und nachweisen können. Dagegen ist es ihnen mangels Einblick in die Interna des Hauptaktionärs nahezu unmöglich, auch den eventuellen Rechtsmissbrauch darzulegen, geschweige denn zu beweisen. Ein Minderheitsaktionär wird keine nähere Kenntnis darüber haben, in welchem inneren Zusammenhang vorangegangene Kapitalmaßnahme (vorangegangener Formwechsel bzw. vorangegangene Schaffung eines Hauptaktionärs) und Squeeze out zueinander stehen. Er kann die möglicherweise rechtsmissbräuchliche Gesamtstrategie nur vermuten, nicht jedoch darlegen und schon gar nicht beweisen.

Diesem Dilemma lässt sich allerdings schon ausreichend begegnen, indem man einen engen zeitlichen Zusammenhang zwischen Kapitalmaßnahme (bzw. Formwechsel oder Schaffung eines Hauptaktionärs) und Squeeze out als Indiz für einen Rechtsmissbrauch ansieht[73] und hieran eine Beweislastumkehr knüpft[74]. Ist ein Rechtsmissbrauch zu vermuten, muss daher der Hauptaktionär detailliert darlegen und erforderlichenfalls auch beweisen, warum dem ausnahmsweise doch nicht so ist. Dabei muss er sich im Rahmen des § 286 ZPO insbesondere auch an seinen Erklärungen (bzw. seinem Schweigen) im Zusammenhang mit vorangegangenen Strukturmaßnahmen messen lassen. Heute befassen sich regelmäßig ganze Fachbereiche deutscher Aktiengesellschaften mit strategischer Planung und Corporate Development.

---

73 So einfach-rechtlich auch Grunewald, in: Münchener Kommentar zum AktG, § 327a AktG Rn. 25; Habersack, in: Emmerich/Habersack, § 327a AktG Rn. 28.
74 So einfach-rechtlich Heidel/Lochner, in: Heidel, Aktienrecht, § 327a AktG Rn. 13; für Erleichterungen der Darlegungs- und Beweislast auch Habersack, in: Emmerich/Habersack, § 327a AktG Rn. 29.

Wer daher etwa im Rahmen eines erst vor kurzem durchgeführten Formwechsels in dem zu erstellenden Umwandlungsbericht (§ 192 UmwG) auf einen Squeeze out nicht konkret eingeht (bzw. wer nicht dafür Sorge trägt, dass die Leitungsorgane der Gesellschaft hierauf eingehen), wird die Vermutung rechtsmissbräuchlichen Verhaltens kaum ausräumen können.

Damit geht einher, dass Minderheitsaktionäre bei zweiaktigen Vorgängen, insbesondere also der Kombination eines Formwechsels oder einer Kapitalerhöhung unter Bezugsrechtsausschluss mit anschließendem Squeeze out eine etwaige Rechtswidrigkeit des ersten Aktes (Formwechsel oder Bezugsrechtsausschluss) auch noch nachträglich geltend machen können. Wenn die Minderheit innerhalb der einmonatigen Anfechtungsfrist der ersten Maßnahme noch keine Möglichkeit zur Wahrung ihrer Interessen hatte, weil sich die missbräuchliche Gesamtstrategie erst im nachfolgenden Squeeze out-Beschluss manifestiert, würde es anderenfalls an dem verfassungsrechtlich gebotenen wirksamen Rechtsbehelf gegen den Missbrauch wirtschaftlicher Macht fehlen. Der zunächst unerkannt gebliebene Rechtsmissbrauch des ersten Aktes infiziert dann den darauf beruhenden Squeeze out-Beschluss[75].

cc) Zwischenergebnis

Dann, aber nur dann, wenn die beschriebenen, erkennbarkeitsfördernden Ansätze im Wege (verfassungskonformer und verfassungsgebotener) Auslegung verwirklicht werden, sind die Regelungen über den Squeeze out hinsichtlich der ersten Vorbedingung verfassungskonform. Dass eine entsprechende verfassungskonforme Auslegung möglich ist, belegt schon der Umstand, dass eine entsprechende Auslegung auf der Basis des einfachen Rechts von zahlreichen Autoren mit überzeugenden Gründen vorgenommen wird.

3. Ergebnis zu den wirksamen Rechtsbehelfen gegen einen Missbrauch wirtschaftlicher Macht

Vor diesem Hintergrund hat der Gesetzgeber durch die Eröffnung der Anfechtungsklage gegen den Hauptversammlungsbeschluss zum Squeeze out nach Maßgabe des § 327f Satz 1 AktG einen verfassungsrechtlich noch ausreichend wirksamen Rechtsbehelf gegen einen Missbrauch wirtschaftlicher Macht bereit gestellt.

---

75 Im Ergebnis auch Habersack, in: Emmerich/Habersack, § 327a AktG Rn. 28; Grunewald, in: Münchener Kommentar zum AktG, § 327a AktG Rn. 23.

IV. Vorbedingung 2: Volle Entschädigung für den Verlust der Rechtsposition

1. Verfassungsrechtliche Maßstäbe

Die Feldmühle-Entscheidung hat das Postulat voller Entschädigung aufgestellt. Eine geringere Entschädigung über eine Art. 14 Abs. 3 Satz 3 GG entsprechende Abwägung hat sie deshalb ausgeschlossen, weil der den Entschädigungsanspruch begründende Sachverhalt im eigenen Interesse des Großaktionärs liegt und von ihm herbeigeführt worden ist[76]. Die DAT/Altana-Entscheidung hat gesehen, dass damit nicht näher definiert war, was unter „voller Entschädigung" zu verstehen ist. Fest stehe aber, dass von Verfassungs wegen die grundrechtlich relevante Einbuße vollständig kompensiert werden muss. „Voll" sei eine Entschädigung dann, wenn sie den wirklichen oder wahren Wert der Unternehmensbeteiligung an dem arbeitenden Unternehmen unter Einschluss der stillen Reserven und des inneren Geschäftswerts wiederspiegelt[77].

Ein existierender Börsenkurs muss berücksichtigt werden und stellt regelmäßig die Untergrenze der wirtschaftlich vollen Entschädigung dar[78]. Im Fall der Eingliederung soll der Hauptaktionär jedoch die Möglichkeit haben, darzulegen und ggf. zu beweisen, dass der Börsenkurs nicht dem Verkehrswert entspricht, etwa weil längere Zeit überhaupt kein Handeln mit den Aktien der Gesellschaft stattgefunden hat[79].

Dagegen soll die Verfassung nicht fordern, den Preis zu berücksichtigen, den ein Mehrheitsaktionär an die Minderheitsaktionäre für Aktien der gemeinsamen Gesellschaft zu zahlen bereit ist. In ihm komme ein Grenznutzen zum Ausdruck, den der Mehrheitsgesellschafter aus den erworbenen Aktien ziehen kann. Der Mehrheitsaktionär sei meistens bereit, für die Aktien, die ihm noch für ein bestimmtes gesellschaftsrechtlich relevantes Quorum fehlen, einen „Paketzuschlag" zu zahlen. Eine solche Erwägung sei nur für den Mehrheitsaktionär bestimmend, während sie für Dritte keine Bedeutung haben. Aus Sicht des Minderheitsaktionärs sei der vom Mehrheitsaktionär außerbörslich bezahlte (erhöhte) Preis nur erzielbar, wenn es dem Minderheitsaktionär gelinge, gerade seine Aktien an den Mehrheitsaktionär zu veräußern. Darauf habe er aber keinen verfassungsrechtlichen Anspruch.

---

[76] BVerfGE 14, 263 (284).
[77] BVerfGE 100, 289 (306).
[78] BVerfGE 100, 289 (308).
[79] BVerfGE 100, 289 (309).

§ 4 Squeeze out und Eigentumsgarantie

Letztere Argumentation ist deutlichen Zweifeln ausgesetzt, soweit es um den Squeeze out geht. Denn hier ordnet das Gesetz ohne Vorgabe eines materiellen Grundes an, dass der Minderheitsaktionär sich auf einen zwangsweisen Verkauf seiner Anteile an den Mehrheitsaktionär einlassen muss, weil er auf die Abfindung verwiesen werden kann. Es gibt in der Situation des Squeeze out nur den Hauptaktionär und die – verkaufsverpflichteten – Minderheitsaktionäre, keine Dritten. Der Squeeze out soll nach der Begründung des Regierungsentwurfs auch dann möglich sein, wenn der Hauptaktionär ihn nur deshalb durchführt, um die Kosten des Formalaufwands zu sparen, der sich aus der Beachtung zwingender minderheitsschützender Normen ergibt. Diese Kostenentlastung der Gesellschaft kann, gerade wenn sie erheblich sein sollte, nicht dem Hauptaktionär alleine zustehen. Auch an dieser Kostenersparnis, die nach der Philosophie des Squeeze out eine dauernde ist, sind alle Aktionäre anteilig beteiligt. Das zeigt eine ganz einfache Kontrollüberlegung: Kämen Hauptaktionär und Minderheitsaktionäre überein, auf die Einhaltung der vom Gesetz vorgeschriebenen Förmlichkeiten aus Kostengründen zu verzichten, würde also freiwillig das erreicht, was der den Squeeze out zulassende Gesetzgeber bei einseitiger Durchsetzung durch den Hauptaktionär auch erlaubt, so träte dieselbe Kostenersparnis ein und würde sich dadurch das Ergebnis je Aktie entsprechend verbessern. Von diesem Effekt profitieren ganz selbstverständlich auch die Minderheitsaktionäre. Daran kann sich nichts ändern, wenn freiwillige Kostenersparnis durch zwangsweise Kostenersparnis ersetzt wird. Wird den Minderheitsaktionären dieser Teil des in ihrem Anteil verkörperten Wert vorenthalten, so erhalten sie nicht alles, was ihre Beteiligung an dem arbeitenden Unternehmen wert ist. Das wäre aber verfassungswidrig.

2. Grundsatz der angemessenen Abfindung beim Squeeze out

An diesen – richtig verstandenen – Maßstäben müssen sich die Regelungen der §§ 327a–f AktG messen lassen. Sie enthalten kein ausdrückliches Gebot einer dem vollen Wert entsprechenden Abfindung. § 327a Abs. 1 Satz 1 AktG verpflichtet den Hauptaktionär zur Gewährung einer „angemessenen Barabfindung". Was angemessen ist, wird nicht näher definiert. Zurückgreifen kann man insoweit auf die Gesetzesbegründung zu § 327b Abs. 1 AktG[80]. Dort heißt es (Hervorhebung von uns):

„Im Hinblick auf den Eigentumsschutz des ausscheidenden Minderheitsaktionärs und im Hinblick darauf, dass der Hauptaktionär den Nutzen aus

---

80 BT-Drs. 14/7034, S. 72.

dem Ausschluss zieht, ist bei der in § 327a Abs. 1 Satz 1 letzter Halbsatz vorgeschriebenen Entschädigung eine volle wirtschaftliche Kompensation erforderlich, die jedenfalls nicht unter dem Verkehrswert der gehaltenen Aktien liegen darf (vgl. BVerfGE 100, 289 [304f.]). Bei der Bemessung haben Hauptaktionär und im Streitfall die Gerichte wertmäßig sowohl mitgliedschaftliche Herrschaftsrechte als auch Vermögensrechte des Minderheitsaktionärs zu berücksichtigen."

Deutlich wird, dass der Gesetzgeber an dieser Stelle nicht hinter den verfassungsrechtlichen Anforderungen zurückbleiben wollte. Im Gegenteil: Mit der Vorgabe, auch die mitgliedschaftlichen Herrschaftsrechte des Minderheitsaktionärs zu berücksichtigen, geht er eher über die – teilweise bezogen auf den Squeeze out unzureichende – Position von BVerfGE 100, 289 (306f.) hinaus. Denn die mitgliedschaftlichen Herrschaftsrechte können aus der Sicht des Hauptaktionärs nichts anderes meinen, als das von ihm als lästig empfundene Störpotential (Kontrollmöglichkeit der von ihm veranlassten Beschlüsse im Wege der Anfechtungsklage) und den zur gesetzeskonformen Befriedigung der mitgliedschaftlichen Herrschaftsrechte der Minderheitsaktionäre notwendigen finanziellen Aufwand der Aktiengesellschaft[81]. Der wirtschaftliche Gegenwert dieser Möglichkeit des Hauptaktionärs, nach dem Squeeze out nach freiem Belieben und ohne gerichtliche Kontrolle schalten und walten zu können – *Lutter* spricht in seiner Stellungnahme für den Finanzausschuss zum Gesetzentwurf von der Möglichkeit des „ungestörten Regiments"[82] –, steht anteilig auch den Minderheitsaktionären zu. Er ist in ihren mitgliedschaftlichen Herrschaftsrechten verkörpert, die nach dem erklärten Willen des Gesetzgebers[83] bei der Bemessung der Abfindung zu berücksichtigen sind. Dasselbe gilt für die Anteile der Minderheitsaktionäre an der späteren, allein vom Hauptaktionär vereinnahmten Kostenersparnis.

Im Ergebnis lässt sich also feststellen, dass die §§ 327a–f AktG in dieser Auslegung der verfassungsrechtlichen Vorgabe der vollen Abfindung genügen. Deshalb verbietet sich auch eine Auslegung des einfachen Rechts dahingehend, dass zu dieser vollen Kompensation gehörende Teilelemente unberücksichtigt bleiben. Eine solche Auslegung wäre verfassungswidrig.

---

81 Zu letzterem BT-Drs. 14/7034, S. 31.
82 Deutscher Bundestag, Finanzausschuss, Protokoll-Nr. 111 zur öffentlichen Anhörung am 18. Oktober 2001, S. 264.
83 Vgl. Begründung zum Gesetzentwurf, vorstehend zitiert.

3. Mängel im Abfindungsverfahren?

Mit der Verankerung der Vorgabe einer vollen wertmäßigen, sowohl mitgliedschaftliche Herrschaftsrechte als auch Vermögensrechte des Minderheitsaktionärs berücksichtigenden Abfindung ist eine notwendige Voraussetzung zur Erfüllung der zweiten Vorbedingung für einen Ausschluss von Minderheitsaktionären gegeben. Die zweite Vorbedingung für einen Ausschluss von Minderheitsaktionären (volle Entschädigung für den Verlust der Rechtsposition) wäre aber gleichwohl dann nicht gegeben, wenn nach der gesetzlichen Ausgestaltung das Abfindungsverfahren Mängel aufwiese, die dazu führen, dass der Minderheitsaktionär für seine Beteiligung nicht alles erhält, was diese wert ist[84]. Solche Mängel können betreffen die Ermittlung des den Aktionären unterbreiteten Abfindungsangebots (§§ 327b Abs. 1, 327c Abs. 2 AktG, dazu unter 4.), die Rechtskontrolle der festgesetzten Abfindung auf Angemessenheit (§ 327f AktG, dazu unter 5.), die Sicherung der angemessenen Abfindung (vgl. § 327b Abs. 3 AktG, dazu unter 6.) und die Verzinsung der angemessenen Abfindung (§ 327b Abs. 2 AktG, dazu unter 7.).

4. Ermittlung der angemessenen Abfindung

§ 327b Abs. 1 Satz 1, 1. Halbsatz AktG bestimmt, dass der Hauptaktionär die Höhe der Barabfindung festlegt. Er muss nach § 327c Abs. 2 Satz 1 AktG der Hauptversammlung einen schriftlichen Bericht erstatten, in dem u. a. die Angemessenheit der Barabfindung erläutert und begründet wird. Nach § 327c Abs. 2 Satz 2 AktG ist die Angemessenheit der Barabfindung durch einen oder mehrere sachverständige Prüfer zu prüfen. Diese werden (§ 327c Abs. 2 Satz 3) auf Antrag des Hauptaktionärs vom Gericht ausgewählt und bestellt. Dieser Prüfbericht des gerichtlich bestellten Prüfers ist nach § 327c Abs. 3 Nr. 4 AktG von der Einberufung der Hauptversammlung an in den Geschäftsräumen der Gesellschaft zur Einsicht der Aktionäre auszulegen.

a) Verfassungsrechtliche Vorgaben

Ob diese Gesetz gewordene Schutzkonzeption den verfassungsrechtlichen Anforderungen genügt, wirft die Vorfrage auf, ob die Verfassung Schutzpflichten des Gesetzgebers zugunsten des Minderheitsaktionärs schon vor einer gerichtlichen Überprüfung einer Hauptversammlungsentscheidung über einen Squeeze out verlangt.

---

[84] Vgl. zur Bedeutung von Mängeln im Abfindungsverfahren schon BVerfGE 14, 263 (286).

aa) Bisherige Rechtsprechung des BVerfG

Solche einer gerichtlichen Prüfung vorgelagerten Schutzpflichten sind in der Rechtsprechung des BVerfG bislang nicht ausdrücklich angesprochen worden. Die Feldmühle-Entscheidung musste hierauf nicht eingehen, weil in der damals entschiedenen Konstellation die Feststellung der Abfindung ganz in das gerichtliche Verfahren verlagert war[85]. Die DAT/Altana-Entscheidung hat die Problematik nicht aufgegriffen und sich auf den beiläufigen Hinweis beschränkt, die materiell-rechtliche Position auf vollwertige Abfindung sei durch die Möglichkeit, ein Spruchverfahren zu betreiben, verfahrensrechtlich abgesichert[86]. Die Moto-Meter-Entscheidung betont zum einen, dass die Schutzrechte der Minderheitsaktionäre auf die Vermögenskomponente ihrer Beteiligung konzentriert werden dürfen[87]. Sie führt dann zur Notwendigkeit des Schutzes bezogen auf die konkrete Konstellation der übertragenden Auflösung folgendes aus[88]:

„Der Schutz der Minderheitsaktionäre besteht dann regelmäßig darin, dass auch der Großaktionär einen möglichst hohen Preis für das Gesellschaftsvermögen erzielen will. Dieser Schutz versagt aber in grundsätzlicher Weise, wenn – wie im vorliegenden Fall – das Gesellschaftsvermögen letztlich an den Großaktionär verkauft wird und dadurch zwischen den Gesellschaftergruppen in Bezug auf den Veräußerungserlös keine Interessenhomogenität, sondern ein Interessenkonflikt besteht. Die schutzwürdigen Rechte der zum Ausscheiden gezwungenen Minderheitsaktionäre würden in verfassungswidriger Weise beeinträchtigt, wenn der Großaktionär diesen Interessengegensatz ohne jede gerichtliche Kontrolle nach seinem Belieben auflösen könnte."

In der konkreten Konstellation des Moto-Meter-Verfahrens war der verfassungsrechtlich vorgegebene Anspruch auf vollwertige Abfindung schon deshalb nicht hinreichend gesichert, weil die Gerichte weder im Spruchverfahren noch im Anfechtungsverfahren eine wenigstens nachträgliche Kontrolle der Abfindungshöhe vorgenommen haben[89].

Aus den genannten drei Entscheidungen könnte der Schluss gezogen werden, verfassungsrechtlich sei dem Schutzauftrag schon dadurch ausreichend Rechnung getragen, dass nach einem Squeeze out-Beschluss der Hauptver-

---

85 BVerfGE 14, 263 (287).
86 BVerfGE 100, 289 (304).
87 BVerfG ZIP 2000, 1670 (1671).
88 BVerfG ZIP 2000, 1670 (1672).
89 BVerfG ZIP 2000, 1670 (1673).

sammlung eine gerichtliche Überprüfung der Abfindungshöhe möglich ist. Das greift aber aus drei Gründen zu kurz.

bb) Funktion der vollwertigen Abfindung

Eine solche Position würde übersehen, welche Funktion der vollwertige Abfindungsanspruch des Minderheitsaktionärs hat. Die Abfindung ist nicht etwas, was im Wege des Verhältnismäßigkeitsausgleichs am Ende der Prüfung noch geleistet werden muss, um die Waage im Bereich der Zumutbarkeit wieder ins Gleichgewicht zu bringen. Das BVerfG hat die vollwertige Abfindung vielmehr zu einer von zwei *Vor*bedingungen des zwangsweisen Ausschlusses von Minderheitsaktionären gemacht[90]. Der Gesetzgeber darf dem Hauptaktionär die Verdrängung von Minderheitsaktionären aus ihrer Eigentumsposition nur dann nach Maßgabe gewichtiger Gründe des Gemeinwohls unter Wahrung der Verhältnismäßigkeit ermöglichen, wenn er zuvor die Voraussetzungen einer entsprechenden gesetzgeberischen Wertung erfüllt hat.

Wenn die volle Abfindung aber Vorbedingung für die Zulässigkeit einer gesetzgeberischen Wertung ist, dass Interessen der Minderheitsaktionäre an der Erhaltung der Vermögenssubstanz hinter die Interessen an einer freien Entfaltung der unternehmerischen Initiative im Konzern zurücktreten müssen, dann muss die Erfüllung dieser Vorbedingung gesichert sein, *bevor* Minderheitsaktionäre ihre Eigentumsposition verlieren. Ihre Eigentumsposition verlieren die Minderheitsaktionäre nach § 327e Abs. 3 Satz 1 AktG beim Squeeze out aber schon mit der Eintragung des Übertragungsbeschlusses in das Handelsregister und damit grundsätzlich weit vor dem Abschluss etwaiger Spruchverfahren, in denen dann erstmals die konkrete Höhe der vom Hauptaktionär tatsächlich zu leistenden Abfindung einer gerichtlichen Prüfung unterworfen werden kann.

cc) Aufgaben- und Risikoverlagerung auf den Minderheitsaktionär

Das leitet schon über zur zweiten Überlegung: Könnte der Hauptaktionär die Abfindung zunächst nach freiem Belieben (also in der Sache unkontrolliert) festlegen und auf dieser Grundlage den Ausschluss herbeiführen, also die Verdrängung der Minderheitsaktionäre aus ihrem Eigentum bewirken, dann könnte im anschließenden gerichtlichen Verfahren nur noch die Vermögenskomponente des Anteilseigentums der Minderheitsaktionäre gewahrt werden, indem eine höhere, eben vollwertige Abfindung festgesetzt wird. Das mitgliedschaftliche Herrschaftsrecht wäre schon beseitigt. Ein solches

---

90 Vgl. BVerfGE 100, 289 (303) – DAT/Altana.

Schutzkonzept wäre erkennbar defizitär. Es stellte nicht einmal für den Regelfall sicher, dass die Minderheitsaktionäre im Zeitpunkt des Eigentumsverlusts die angemessene Abfindung erhalten. Ein auf nachträgliche Kontrolle beschränktes Schutzkonzept verlagert die Aufgabe und das damit verbundene Risiko, die angemessene Abfindung richtig zu bemessen, wirtschaftlich vom Hauptaktionär, der vom Squeeze out allein profitiert, auf den damit überzogenen Minderheitsaktionär. Der Minderheitsaktionär muss entweder selbst ein Spruchverfahren führen oder sich darauf verlassen, dass andere ausgeschlossene Minderheitsaktionäre dies für ihn tun. Das Spruchverfahren verlangt vom Minderheitsaktionär aber viel Aufwand und Umsicht. Seit Inkrafttreten des Gesetzes zur Neuordnung des gesellschaftsrechtlichen Spruchverfahrens[91] sind dem Minderheitsaktionär im Spruchverfahren erhebliche Darlegungs- und Substantiierungslasten auferlegt, kann sein Vortrag als verspätet zurückgewiesen werden und muss er damit rechnen, dass das Gericht zur Beweiserhebung auf den schon außergerichtlich tätig gewordenen sachverständigen Prüfer zurückgreift.

dd) Ineffektiver Rechtsschutz durch Spruchverfahren

Entscheidend ist aber drittens der tatsächliche Befund: Die nachlaufende gerichtliche Kontrolle der Angemessenheit von Abfindungen bei den verschiedenen Formen des Herausdrängens von Minderheitsaktionären war regelmäßig defizitär. Das betrifft zum einen die exorbitante Dauer dieser Verfahren, die vielfach kritisiert worden ist. Der Vertreter der Schutzgemeinschaft der Kleinaktionäre e. V., *Lars Labryga*, hat in der öffentlichen Anhörung des Finanzausschusses zum Gesetz unwidersprochen ausgeführt[92]:

„Die Kleinaktionäre werden in dem Wissen herausgedrängt, dass vor Gericht verloren wird, aber erst in 10 Jahren. Dann werden die entsprechenden Abzinsungen vorgenommen, man lächelt und freut sich auf die Hauptversammlung. Das finden wir unerfreulich ... Denn es stellt sich die Frage, ob dies noch Rechtsschutz darstellt, wenn erst nach 10 Jahren in vermögensrechtlichen Fragen entschieden wird."

Die in der Begründung zum Regierungsentwurf des Spruchverfahrensneuordnungsgesetz genannte durchschnittliche Verfahrensdauer von fünf Jahren[93] dürfte zu niedrig angesetzt sein[94]. Die Bundesrepublik Deutschland ist zwischenzeitlich vom Europäischen Gerichtshof für Menschenrechte wegen

---

91 Spruchverfahrensneuordnungsgesetz vom 12. Juni 2003, BGBl I, 838.
92 Vgl. Protokoll-Nr. 111, S. 74.
93 BT-Drs. 15/371, S. 1.
94 Vgl. auch die Nachweise bei Meilicke/Heidel, DB 2003, 2267 (Fn. 4).

überlanger Verfahrensdauer von Spruchverfahren verurteilt worden[95]. Die Erwartung des Gesetzgebers, sie werde sich mit dem Spruchverfahrensneuordnungsgesetz signifikant verringern, ist bislang nur eine Hoffnung.

Bedeutsamer für die Sicherung der vollen Abfindung ist aber der Umstand, dass die Spruchstellenverfahren in der Vergangenheit regelmäßig zu – deutlichen – Erhöhungen der Abfindung geführt haben. Anders gewendet: Die Angebote der Hauptaktionäre an die zu verdrängenden Minderheitsaktionäre lagen regelmäßig – auch ganz erheblich – unter dem verfassungsrechtlich gebotenem Maß voller Entschädigung. So hat die Schutzgemeinschaft der Kleinaktionäre e. V. in der Anhörung des Finanzausschusses zum Squeeze out unwidersprochen vorgetragen, dass sie 90% der von ihr geführten Spruchverfahren gewinne[96]. Die Dimensionen der „Fehler" der Hauptaktionäre bei der Bemessung der Abfindung verdeutlicht die Entscheidung DAT/Altana: Nach der vom BVerfG selbst angestellten Berechnung hätte der Unternehmenswert der DAT AG etwas das Zweieinhalbfache des gutachtlich festgestellten Werts von 40,5 Mio. DM betragen[97]. Im Durchschnitt brachten die Spruchstellenverfahren eine Erhöhung der Abfindung um 50%[98].

Der Gesetzgeber konnte diese offenkundigen und unbestrittenen Defizite des Spruchverfahrens, die es zu einem weitgehend ineffektiven Rechtsschutzmittel machen, nicht unberücksichtigt lassen. Hätte er sie nicht berücksichtigt, so hätte er sich von „fehlerhaften Annahmen und unvollständigen Erwägungen" leiten lassen und deshalb die nachfolgend vorzunehmende Abwägung zwischen den verschiedenen Gesichtspunkten nicht sachgemäß durchführen können[99]. Eine Wertung des Gesetzgebers dahingehend, allein in der Ermöglichung eines nachträglichen Spruchverfahrens einen ausreichenden Schutz des Minderheitsaktionärs zu sehen, wäre angesichts des für jedermann auf den ersten Blick ersichtlichen wirtschaftlichen Interessengegensatzes von Haupt- und Minderheitsaktionär bei der Festlegung der Barabfindung eine eindeutig widerlegbare und offenkundig fehlsame Wertung im Sinne von BVerfGE 76, 220 (240) und BVerfGE 24, 367 (406), an die

---

95 Vgl. die Entscheidungen des EGMR vom 20. Februar 2003 – Kind/Deutschland, EuGRZ 2003, 228, sowie – zuletzt – vom 4. Dezember 2003 – Trippel/Deutschland.
96 Deutscher Bundestag, Finanzausschuss, Öffentliche Anhörung vom 18. Oktober 2001, Protokoll Nr. 111, S. 74.
97 BVerfGE 100, 289 (312).
98 Vgl. Meilicke/Heidel, DB 2003, 2267 (2270) m.w.N. Eine erste empirische Untersuchung zu Squeeze out-Spruchverfahren zeigt ebenfalls, dass die den Minderheitsaktionären gebotenen Abfindungen bisher ohne Ausnahme und z.T. bis zu 400% angehoben wurde, vgl. Rathausky, AG-Report 2004, 24 f.
99 Vgl. dazu Papier, in: Maunz/Dürig, Art. 14 GG Rn. 314 m.w.N.

das BVerfG nicht gebunden wäre. Eine solche Vorgehensweise wird man dem Gesetzgeber nicht unterstellen können, zumal er in § 327c Abs. 2 Sätze 2 und 3 AktG eine vorgelagerte Kontrolle dem Grunde nach eingeführt hat[100].

ee) Zwischenergebnis

Deshalb wäre es ein Missverständnis sowohl von Art. 14 Abs. 1 GG wie der dazu ergangenen, thematisch einschlägigen Entscheidungen des BVerfG, wenn man die Schutzpflicht des Gesetzgebers gegenüber dem Minderheitsaktionär auf eine rein gerichtliche (Nach-)Kontrolle beschränken wollte. Die Schutzkonzeption muss von Verfassungs wegen schon vor der Entscheidung der Gesellschafter über den Ausschluss von Minderaktionären ansetzen und durch eine unabhängige Ermittlung oder Kontrolle des Abfindungsangebots auf seine Angemessenheit sicherstellen, dass jedenfalls im Regelfall die angebotene Abfindung den verfassungsrechtlichen Vorgaben der vollen Entschädigung gerecht wird.

Umsetzen lässt sich das durch zwei Grundalternativen:

Entweder kann die Ermittlung der angemessenen Abfindung vor einer Entscheidung über den Ausschluss der Minderheitsaktionäre unmittelbar einem Gericht übertragen werden[101].

Oder es wird die Beschlussfassung in der Hauptversammlung über den Squeeze out davon abhängig gemacht, dass ein gerichtlich bestellter, formell und materiell vom Hauptaktionär unabhängiger Sachverständiger bestätigt, dass das vom Hauptaktionär unterbreitete Abfindungsangebot dem vollen Wert der arbeitenden Gesellschaft entspricht.

b) Bewertung der gesetzlichen Ausgestaltung des Squeeze out

Es ist leicht erkennbar, dass der Gesetzgeber versucht hat, der zweiten Variante gerecht zu werden. Für die Antwort auf die Frage, ob ihm dies gelungen ist, bedarf es näherer Betrachtung der Gesetz gewordenen Regelungen.

aa) Grundansatz ausreichend

Der ursprüngliche Gesetzentwurf der Bundesregierung sah vor, dass die Angemessenheit der (vom Hauptaktionär festgelegten) Barabfindung grundsätzlich durch einen oder mehrere sachverständige Prüfer zu überprüfen war, die vom Hauptaktionär bestellt werden (§ 327c Abs. 2 Sätze 2 und 3 AktG-

---

100 Dazu noch unten S. 36 ff.
101 In diese Richtung die Vorschläge von Vetter, ZIP 2000, 1817 (1821); ders., DB 2001, 743 (744); erwogen auch vom Forum Europaeum Konzernrecht, ZGR 1998, 632 (738).

Regierungsentwurf), also Parteigutachter sind. Das hat der Gesetzgeber korrigiert. Was mit der Gesetz gewordenen Fassung der Sätze 2 und 3 des § 327c Abs. 2 AktG gewollt ist, hat der Finanzausschuss in seinem Bericht vom 14. November 2001 wie folgt ausgeführt[102]:

> „Ferner sollen die sachverständigen Prüfer nicht vom Hauptaktionär selbst, sondern auf seinen Antrag vom Gericht ausgewählt und bestellt werden. Ziel dieser Änderung ist, dem Eindruck der Nähe der Prüfer zum Hauptaktionär von vornherein entgegenzuwirken und damit die Akzeptanz des Prüfungsergebnisses für die Minderheitsaktionäre zu erhöhen. Dadurch kann die Zahl der gerichtlichen Spruchverfahren zur Überprüfung der Angemessenheit der Abfindung verringert werden. Wird dennoch später ein Spruchverfahren durchgeführt, ergibt sich ein ganz erheblicher Beschleunigungseffekt, wenn dort ein weiteres Sachverständigengutachten vermieden oder jedenfalls auf solche Punkte beschränkt werden kann, die nach dem früheren Prüfungsbericht noch offen geblieben sind."

Diesen Ansatz der Bezugnahme auf das schon vor dem Beschluss der Hauptversammlung erstattete Gutachten des unabhängigen[103], vom Gericht ausgewählten und bestellten Prüfers in einem späteren Spruchverfahren hat der Gesetzgeber zwischenzeitlich mit der Neuregelung des Spruchverfahrens auch verfahrensrechtlich umgesetzt (§ 7 Abs. 3 und 6, § 8 Abs. 2, § 9 Abs. 2 SpruchG). Der Gesetzgeber wollte also sowohl im Gesetz zur Regelung von öffentlichen Angeboten zum Erwerb von Wertpapieren und von Unternehmensübernahmen wie im Gesetz zur Neuordnung des gesellschaftsrechtlichen Spruchverfahrens die vorherige Kontrolle der Angemessenheit der Abfindung so ausgestalten, dass sie ganz oder im Wesentlichen einem im gerichtlichen Verfahren eingeholten Sachverständigengutachten (§§ 402 ff. ZPO) gleich steht.

Hätte der Gesetzgeber diese Absicht umgesetzt, wären die oben entfalteten verfassungsrechtlichen Vorgaben an das Schutzkonzept gewahrt. Im Einzelnen gilt:

bb) Zweistufiges Verfahren

Zunächst einmal müsste sichergestellt sein, dass überhaupt ein zweistufiges Verfahren durchgeführt wird. Zweistufiges Verfahren bedeutet, dass zunächst der Hauptaktionär in Erfüllung der Vorgabe aus § 327b Abs. 1 AktG die

---

102 BT-Drs. 14/7477, S. 54.
103 Vgl. BT-Drs. 15/371, S. 14.

Höhe der Barabfindung festlegt und, wenn dies geschehen ist, anschließend eine nachlaufende Kontrolle durch den gerichtlich bestellten Sachverständigen nach § 327c Abs. 2 Sätze 2 und 3 AktG stattfindet. Zweistufiges Verfahren bedeutet auch, dass der gerichtlich bestellte Sachverständige nicht selbst die zu prüfenden Angaben ermitteln oder feststellen darf; diese Angaben sind vom Hauptaktionär zu machen.

Literatur und erste Judikatur gehen überwiegend teils ausdrücklich, teils stillschweigend davon aus, dass den §§ 327b, 327c AktG dieses zweistufige Konzept zugrunde liegt[104]. Die gegenteilige Sichtweise des OLG Stuttgart[105] kollidiert nicht nur mit der vom Finanzausschuss zum Ausdruck gebrachten, Gesetz gewordenen Intention des Gesetzgebers, sie wäre auch wegen Unterschreiten des Schutzstandards verfassungswidrig. Hinreichender Vermögensschutz ist nur gewährleistet, wenn schon in den dem gerichtlich bestellten Prüfer vom Hauptaktionär zu übergebenden Unterlagen von Anfang an eine vollwertige Entschädigung vorgesehen ist. Wer stattdessen allein auf – nach unserer Auffassung unzulässige – intensive Kommunikation zwischen Hauptaktionär und Prüfer und dessen Drohung mit einer Testatsverweigerung setzt[106], schafft Anreize, die Barabfindung – möglicherweise gar bewusst – zu niedrig festzusetzen, ohne dass sichergestellt ist, dass der Kontrollmechanismus Angemessenheitsprüfung tatsächlich erfolgreich ist. Angesichts des bisherigen Ausgangs von Spruchstellenverfahren und den dort nahezu durchweg und trotz vorangegangener Prüfungen erfolgenden Anhebungen von Abfindungen, besteht auch bei Squeeze out-Prüfungen ein erhebliches Potential für Irrtümer des Angemessenheitsprüfers. Gerade wegen dieses Irrtumspotentials muss – soweit dies überhaupt möglich ist – das Interesse des Hauptaktionär an einer unangemessen Barabfindung reduziert werden. Einen Interessengleichlauf der Beteiligten an einer angemessenen Abfindung gewährleistet aber nur ein zweistufiges Verfahren. Nur dort droht dem Hauptaktionär mit der Testatsverweigerung eine wirklich spürbare Konsequenz. Bloß die Aussicht, später möglicherweise mit dem gerichtlich bestellten Prüfer um die Höhe der Abfindung feilschen zu müssen, dürfte den Hauptaktionär jedenfalls noch nicht zu einer von vornherein fair festgesetzten Abfindung motivieren. Feilscht der Angemessenheitsprüfer dann aus irgendwelchen Gründen einmal nicht, wäre Vorbedingung 1 für einen Zwangsausschluss nicht erfüllt.

---

104 OLG Hamburg ZIP 2003, 2076 (2079); OLG Oldenburg ZIP 2003, 1351 (1352); Steinmeyer/Häger, § 327c AktG Rn. 11; Eisolt, DStR 2002, 1145 (1147); Gesmann-Nuissl, WM 2002, 1205 (1209).
105 OLG Stuttgart ZIP 2003, 2363 (2365).
106 So OLG Stuttgart ZIP 2003, 2363 (2365).

cc) Keine Parallelprüfung

Mit dieser zweistufigen Ausgestaltung hängen auch die Fragen zusammen, ob der vom Hauptaktionär für die Ermittlungsaufgabe nach § 327b Abs. 1 Satz 1, 1. Halbsatz AktG eingeschaltete Wirtschaftsprüfer mit dem vom Gericht bestellten Sachverständigen sachlich zusammenarbeiten darf und ob beide ihre Arbeit gar zeitlich überlappend vornehmen dürfen. Ein Teil der aktienrechtlichen Literatur und einzelne Gerichtsentschidungen legen das einfache Recht so aus, dass dies möglich sein soll[107]. Weder im Gesetzestext noch in der Gesetzesbegründung tauchen die Praktikabilitätserwägungen auf, mit denen Teile von Literatur und Rechtsprechung die Parallelprüfung, die der Praxis entsprechen soll, beim Squeeze out zulassen wollen. Selbst wenn man die Vorschriften der §§ 327b, 327c AktG in diesem Sinne auslegen könnte, wäre ein solches Auslegungsergebnis wiederum verfassungswidrig. Mit dem in den §§ 402 ff. ZPO konkretisierten Bild einer unabhängigen Begutachtung durch einen gerichtsbestellten Sachverständigen ist es unvereinbar, dass dieser mit der Begutachtung beginnt, bevor das zu begutachtende Ergebnis einer Partei (hier des Hauptaktionärs) vorliegt, konkret also dessen Wirtschaftsprüfer ihre Arbeit abgeschlossen haben. Für einen gerichtlichen Gutachter in einem Gerichtsverfahren versteht es sich von selbst, dass er sich mit einer Partei und ihren Parteigutachtern bei der Gutachtenserstellung weder verbrüdern noch sich diesem bösen Schein aussetzen wird. Dass ein gegenteiliges Verhalten (Verbrüderung oder böser Schein der Verbrüderung) nicht nur zur Befangenheit und damit zum Ausschluss des gerichtlich bestellten Gutachters führt, ist ebenso selbstverständlich, wie die darin liegende Verletzung elementarer rechtsstaatlicher Verfassungsvorgaben.

Der Schutz der Minderheitsaktionäre wäre erkennbar defizitär, wenn diese befürchten müssten, dass der gerichtlich bestellte Prüfer, auf den das Gesetz bei der Ermittlung der Abfindung als Sachwalter ihrer Interessen vertraut, bei seiner Prüfung einseitig beeinflusst wurde. Von Waffengleichheit könnte dann keine Rede mehr sein. Jedenfalls dann, wenn Parteiberater und gerichtlich bestellter Sachverständiger im allgemeinen oder anlässlich des Squeeze outs im besonderen enge Kontakte pflegen, wäre auch zweifelhaft, ob tatsächlich noch eine echte (Über-)Prüfungstätigkeit stattfindet. Anstelle der kritischen Kontrolle fremder Berechnungen drohte der Prüfungsbericht zum testierten Selbstlob eigener Mitarbeit zu werden. Bei einer Parallelprüfung besteht die Gefahr, dass eine unabhängige Prüfung unterbleibt. Das

---

107 OLG Stuttgart ZIP 2003, 2363 (2365); Ott, DB 2003, 1615 (1617); a.A. Puszkajler, ZIP 2003, 518 (521); ähnlich auch Forum Europaeum Konzernrecht, ZGR 2002, 672 (739): entscheidend sei die Unabhängigkeit des Prüfers.

räumt auch das OLG Stuttgart ausdrücklich ein[108]. Es meint jedoch diese Gefahr hinnehmen zu können, weil sie sich nicht zwangsläufig verwirklichen müsse. Damit wird das Unabhängigkeitsproblem letztlich aber nur bagatellisiert, nicht gelöst. Selbst wenn man unterstellen wollte, dass der gerichtlich bestellte Angemessenheitsprüfer dem Einfluss des vom Hauptaktionär beauftragten Wirtschaftsprüfers im Regelfall nicht oder zumindest nicht in nennenswertem Umfang unterliegt, bleibt unklar, was in den – vermeintlichen – Ausnahmefällen gelten soll. Nach der Konzeption des OLG Stuttgart liefe dann der zentrale Schutzmechanismus zugunsten der Minderheitsaktionäre leer. Ein solcher Verzicht auf eine vorgelagerte Angemessenheitskontrolle kann schon einfach-rechtlich nicht überzeugen, erst Recht nicht, wenn man gleichzeitig dem Minderheitsaktionär beim Umfang der Besicherung der Barabfindung das Insolvenzrisiko des Hauptaktionärs unter Hinweis auf die vermeintlich unabhängige Prüfung durch einen gerichtlich bestellten Sachverständigen aufbürdet. Die verfassungsrechtlichen Anforderungen an einen Squeeze out unterschreitet er allemal. Denn die volle Abfindung ist Vorbedingung für einen zwangsweisen Ausschluss des Minderheitsaktionärs[109]. Sie muss daher schon bei Verlust der Mitgliedschaft und nicht erst bei Abschluss eines späteren Spruchverfahrens gewährleistet sein und zwar nicht nur in der Mehrzahl der Fälle, sondern ausnahmslos.

dd) Weder bindendes noch unverbindliches Vorschlagsrecht des Hauptaktionärs

§ 327c Abs. 2 Sätze 2 und 3 AktG werden ersichtlich von niemanden so gedeutet, dass das Gericht an einen Vorschlag des Hauptaktionärs für die Person des Prüfers gebunden wäre. Eine Auslegung, die zu einer solchen Bindung käme, wäre ebenfalls verfassungswidrig und deshalb im Wege verfassungskonformer Auslegung zu korrigieren.

Dasselbe gilt aber auch für die verbreitete Auffassung[110], § 327c Abs. 2 Satz 3 AktG eröffne dem Hauptaktionär ein Recht, den Prüfer vorzuschlagen. Eine solche Auffassung kann selbst einfach-rechtlich nur vertreten, wer den Willen des Gesetzgebers, wie er in der Beschlussempfehlung des Finanzausschusses des Bundestages zum Ausdruck gekommen ist[111], nicht zur Kenntnis genommen hat. Der Gesetzgeber will schon dem Eindruck der Nähe des

---

108 ZIP 2003, 2363 (2365).
109 Vgl. BVerfGE 100, 289 (303) und oben bb).
110 OLG Stuttgart ZIP 2003, 2363 (65); Steinmeyer/Häger, § 327c AktG Rn. 14; Grzimek, in: Geibel/Süßmann, § 327c AktG Rn. 18; Hasselbach, in: Kölner Kommentar zum WpÜG, § 327c AktG Rn. 19; Ott, DB 2003, 1615.
111 BT-Drs. 14/7477, S. 54.

Prüfers zum Hauptaktionär von vornherein entgegenwirken. Jeder Vorschlag des Hauptaktionärs begründet aber ein solches Näheverhältnis zu dem vorgeschlagenen Prüfer. Ein Auslegungsergebnis, das dem Hauptaktionär ein Vorschlagsrecht einräumt, verfehlt das verfassungsrechtliche Schutzniveau, weil es dem Prüfer Unabhängigkeit und Akzeptanz nimmt[112]. Eine solche Auslegung wäre deshalb wiederum verfassungswidrig.

§ 327c Abs. 2 Satz 3 AktG lässt sich auch ohne Weiteres, jedenfalls im Wege verfassungskonformer Auslegung, dahingehend auslegen, dass das Gericht bei der Auswahl und bei der Bestellung des Prüfers nicht nur frei ist, sondern vom Hauptaktionär etwa vorgeschlagene Prüfer schon wegen dieses Vorschlags nicht bestellen darf. Das Gesetz spricht bewusst nur von „Antrag" und nicht von „Vorschlag". Der Hauptaktionär kommt in § 327c Abs. 2 Satz 3 AktG nur deshalb vor, weil das Gericht nicht von Amts wegen in einem möglichen Squeeze out-Verfahren tätig werden kann, sondern nur, wenn dessen Betreiber, der Hauptaktionär, initiativ wird. Die Bestellung des Prüfers weist damit gewisse Parallelen zur Bestellung des Insolvenzverwalters bei einem Insolvenzantrag des Schuldners auf. Weil die Worte „ausgewählt" und „bestellt" am Ende von § 327c Abs. 2 Satz 3 AktG im unmittelbaren Anschluss an „Gericht" stehen, lässt sich ein solches, verfassungsgebotenes Auslegungsergebnis ohne Weiteres mit dem Wortlaut der Vorschrift in Einklang bringen[113].

ee) Kein Eindruck der Nähe zum Hauptaktionär

Der vom Gericht ausgewählte und bestellte sachverständige Prüfer muss unabhängig sein. An dieser Unabhängigkeit fehlt es, wenn er in einer Nähebeziehung zum Hauptaktionär, zu dem vom Hauptaktionär bei der Ermittlung der Abfindung beauftragten Parteiberater, zu einem Minderheitsaktionär oder zur Gesellschaft selbst steht, etwa durch eine noch nicht lange zurückliegende Vortätigkeit. Diese Anforderung hat der Gesetzgeber gesehen und konsequent schon den Schein eines Näheverhältnisses zu einem Ausschlussgrund erhoben[114].

Verfassungsrechtlich problematisch könnte allein sein, dass die Regelungen des § 327c Abs. 2 Satz 3 AktG dies in ihrem Wortlaut nicht zum Ausdruck

---

112 Ähnlich einfach-rechtlich Roth, NZG 2003, 998 (1001) sowie zum Abschlussprüfer Lutter, JZ 2003, 566 (567).
113 Vgl. allgemein zur verfassungskonformen Auslegung BVerfG, Beschluss vom 09.04.2003 – 1 BvR 1493/96 und 1724/01; BVerfG, Urteil vom 16.01.2003 – 2 BvR 716/01; BVerfGE 88, 145 (166).
114 BT-Drs. 14/7477, S. 54.

bringen und kein Prozedere enthalten, in dem die Betroffenen – faktisch nur die Minderheitsaktionäre – die Nähe oder den Eindruck der Nähe zu einer Seite geltend machen können. Diese Defizite im Wortlaut des § 327c Abs. 2 Satz 3 AktG führen aber nicht zur Verfassungswidrigkeit, weil sie sich im Wege verfassungskonformer Auslegung beheben lassen.

Dass die Nähe oder schon der Eindruck der Nähe zu einer der beiden Seiten der Bestellung eines solchen Gutachters durch das Gericht entgegenstehen, ergibt sich mit hinreichender Deutlichkeiten aus der vom Finanzausschuss des Deutschen Bundestages formulierten Gesetzesbegründung[115].

Einer darauf gestützten Auslegung von § 327c Abs. 2 Satz 3 AktG steht der Wortlaut nicht entgegen. Der Wortlaut schließt auch nicht aus, dass die Nähebeziehung von der jeweils nachteilig betroffenen Seite – Hauptaktionär oder Minderheitsaktionäre – im Verfahren über den Antrag des Hauptaktionärs auf Bestellung eines sachverständigen Prüfers vom Gericht berücksichtigt wird. Das ergibt sich aus folgenden Überlegungen: Der Gesetzgeber wollte – insoweit in Übereinstimmung mit den verfassungsrechtlichen Vorgaben – einen sachverständigen Prüfer als unabhängigen, gerichtsbestellten Sachverständigen einschalten, um zum einen die Akzeptanz bei den Minderheitsaktionären zu erhöhen und um zum anderen die Zahl der Spruchverfahren zu verringern oder jedenfalls in der Beweisaufnahme nun auf das Gutachten eines unabhängigen, gerichtsbestellten Sachverständigen zurückgreifen zu können. Das muss aber zur Konsequenz haben, dass für den sachverständigen Prüfer im Sinne von § 327c Abs. 2 Satz 3 AktG über §§ 293d Abs. 1 Satz 1 AktG, 319 Abs. 1 bis 3 HGB hinaus auch die allgemeinen Vorschriften für die Ablehnung von gerichtlichen Sachverständigen gelten, also die §§ 406 i.V.m. 42 ZPO. Denn § 319 Abs. 1 bis 3 HGB regeln nur, wann ein (Abschluss-)Prüfer kraft Gesetzes von der Prüfungstätigkeit ausgeschlossen ist. Es handelt sich im Wesentlichen um statische Ausschlussgründe, die nicht als flexiblere Reaktion auf eine bestimmte Einzelhandlung gedacht sind. § 327c Abs. 2 AktG kann nicht so verstanden werden, dass außerhalb der dort genannten Tatbestände liegendes Verhalten für die Prüfungstätigkeit ohne Relevanz wäre. Die §§ 319 Abs. 1 bis 3 HGB stellen daher nur den Mindestschutzstandard dar[116].

Neben dem § 319 HGB bleibt das Gebot der Unparteilichkeit und Unbefangenheit des Sachverständigen anwendbar, wie es in §§ 406, 42 ZPO für ge-

---

115 Vgl. BT-Drs. 14/7477, S. 54.
116 Für weitergehende Ausschlussgründe auch Grunewald, in: Münchener Kommentar zum AktG, § 327c AktG Rn. 13.

setzlich bestellte Sachverständige seinen Niederschlag gefunden hat[117]. Würde etwa der gerichtlich ausgewählte und bestellte sachverständige Prüfer nach seiner Bestellung öffentlich Kritik an einem vermeintlich überzogenen Schutz der Minderheitsaktionäre im Rahmen des Squeeze out-Verfahrens äußern, oder gar deren vermeintliche finanzielle Überkompensation beim Squeeze out kritisieren, so würde niemand ernsthaft daran zweifeln wollen, dass er sich dadurch im Ergebnis für seine Prüfungstätigkeit disqualifiziert hat[118]. Es liegt dann zumindest die Besorgnis der Befangenheit (§ 406 i.V.m. § 42 Abs. 2 ZPO) vor.

Der Bundesgerichtshof hat erst jüngst entschieden, dass die Bestellung eines möglicherweise befangenen Abschlussprüfers durch die Mehrheit einen Treupflichtverstoß zu Lasten der Minderheit darstellt und von dieser angefochten werden kann[119]. Dies muss bei Besorgnis der Befangenheit erst recht für den Squeeze out-Prüfer geltend. Für einen Minderheitsaktionär ist die einmalige Angemessenheitsprüfung nach § 327c Abs. 2 Satz 3 AktG sogar noch von wesentlich größerer Bedeutung als die jährlich wiederkehrende Abschlussprüfung. Dieses überragende Interesse ist vom Hauptaktionär zu respektieren; die Überprüfung der von ihm festgelegten Abfindung durch einen über sachlich nachvollziehbare Zweifel erhabenen Sachverständigen ist der Preis dafür, dass er die Aktien der Minderheitsaktionäre erwerben kann. Die Minderheitsaktionäre müssen darauf vertrauen können, dass der zu ihrem Schutz tätig gewordene Gutachter seine Aufgabe als Angemessenheitsprüfer unbefangen, unparteiisch und unbeeinflusst von jeder Rücksichtnahme auf die wirtschaftlich genau entgegengesetzten Interessen des Hauptaktionärs problemorientiert wahrgenommen hat und sie deshalb aller Voraussicht nach tatsächlich die verfassungsrechtlich geschuldete volle Abfindung erhalten[120]. Legt der Hauptaktionär im Zuge des Squeeze out-Beschlusses nur den Prüfungsbericht eines möglicherweise befangenen Gutachters vor, verstößt er gegen die ihm gegenüber der Minderheit obliegende Treupflicht. Der Squeeze out-Beschluss ist dann gesetzeswidrig zustande gekommen und nach § 243 Abs. 1 AktG für nichtig zu erklären.

Wie im Einzelnen der gerichtlich ausgewählte und bestellte Sachverständige in seiner Person die Besorgnis der Befangenheit begründet hat, ist dabei ebenso unbeachtlich, wie der Gesichtspunkt, ob er hierbei mit dolus malus oder bloß ungeschickt handelte. Es bedarf daher auch keiner irgendwie ge-

---

117 A.A. OLG Stuttgart ZIP 2003, 2363 (2365).
118 Im Ergebnis auch Lutter, JZ 2003, 566 (567); Ott, DB 2003, 1615 (1617).
119 BGHZ 153, 32 (44) – Hypo-Vereinsbank.
120 Vgl. BGHZ 153, 32 (43) für die Bestellung des Abschlussprüfers.

arteten feindseligen Haltung des Prüfers gegenüber den Minderheitsaktionären. Für die Besorgnis der Befangenheit ist schon ausreichend, dass er die erforderliche Distanz zum Hauptaktionär oder dessen Parteiberatern nicht gewahrt hat und dadurch den bösen Schein erweckt hat, er stünde möglicherweise in deren Lager.

Für diese Sichtweise spricht auch, dass der Gesetzgeber mit der Betonung der größtmöglichen Unabhängigkeit des Prüfers die Verfahrensdauer der Spruchverfahren verkürzen wollte. Ein Squeeze out-Prüfer, der mit dem Parteiberater des Hauptaktionärs zusammengearbeitet und mit diesem zunächst den Prüfungsgegenstand näher konkretisiert hat, könnte jedoch spätestens im Spruchverfahren wegen mangelnder Unbefangenheit nicht mehr zum gerichtlich bestellten Sachverständigen bestellt werden. Das gesetzgeberische Ziel, durch die Unabhängigkeit des gerichtlich ausgewählten und bestimmten Prüfers eine Beschleunigung des Spruchverfahrens zu erreichen, würde dann verfehlt. Denn dieses gesetzgeberische Konzept basiert gerade maßgeblich darauf, dass der Vermögensschutz der Minderheitsaktionäre in einer Art „Vorverfahren" zum Spruchverfahren zumindest teilweise vorweggenommen wird.

Mit seiner Bestellung durch das Gericht wird der Prüfer nach § 327c Abs. 2 Satz 2 AktG deshalb gleichzeitig auch gerichtlicher Sachverständiger in spe im Sinne der §§ 402 ff. ZPO. Daher muss man ihn von Anfang an (auch) als gerichtlich bestellten Sachverständigen behandeln, insbesondere nach den für gerichtlich bestellte Sachverständige geltenden Befangenheitsregeln. Einen Sachverständigen, bei dem aufgrund besonderer Nähe zum Hauptaktionär oder aufgrund besonderer Nähe zu dem vom Hauptaktionär bei der Ermittlung der Abfindung eingesetzten Parteiberater („Prüfertandem") Zweifel an der Unbefangenheit bestehen, darf das Gericht daher erst gar nicht zum Prüfer im Sinne des § 327c Abs. 2 AktG bestellen.

Zusammengefasst gilt: § 327c Abs. 2 AktG stellt sicher, dass der Squeeze out nicht auf ein Gutachten gestützt werden kann, welches ein in einem Näheverhältnis zum Hauptaktionär oder einem sonstigen Beteiligten stehender sachverständiger Prüfer erstattet hat. Von Verfassungs wegen sind Personen, die Beteiligten nahe stehen oder den Eindruck der Nähe machen, von der Bestellung zum unabhängigen Prüfer ausgeschlossen. Die Betroffenen müssen die Möglichkeit haben, dies in einem Verfahren geltend zu machen. Dies macht eine verfassungskonforme Auslegung von § 327c Abs. 2 AktG erforderlich. Sie ist auch möglich, weil ihr weder der Wortlaut des Gesetzes noch der vom Gesetzgeber verfolgte Zweck entgegen steht. Für den vom Gericht bestellten unabhängigen sachverständigen Prüfer gelten neben den Ausschlusstatbeständen des § 319 Abs. 1 bis 3 HGB auch die Befangenheitsregelungen der §§ 406, 42 ZPO. Wird gleichwohl ein solcher Prüfer bestellt, kann das von den dadurch negativ Betroffenen entsprechend der Rechtsprechung des Bundesgerichtshofs zu möglicherweise befangenen Abschlussprüfern im Wege der Anfechtungsklage gegen den Squeeze out-Beschluss geltend gemacht werden.

ff) Taugliche Rechtsfolge – Anfechtungsklage

Die unter aa) bis ee) behandelten Vorgaben, welche die §§ 327b, 327c AktG – jedenfalls nach der insoweit möglichen verfassungskonformen Auslegung – gewährleisten, sind verfassungsrechtliche Vorbedingungen für die Zulässigkeit des Squeeze out als solchem. Damit macht Art. 14 Abs. 1 GG zugleich eine verfassungsrechtliche Aussage zur notwendigen Rechtsfolge, wenn diese Sicherungsvorgaben im Einzelfall nicht eingehalten sind: Dann darf der Squeeze out nicht stattfinden.

Auch dieser verfassungsrechtlichen Anforderung genügt die Regelung über den Squeeze out. § 327f Satz 1 AktG lässt gegen den Übertragungsbeschluss grundsätzlich die Anfechtungsklage zu. Die Anfechtungsklage ist dann ein taugliches Rechtsmittel, wenn Verletzungen der Anforderungen unter aa) bis ee) Anfechtungsgründe sind. Die Anfechtungsklage nach § 327f AktG kann auf die Anfechtungsgründe des § 243 Abs. 1 AktG gestützt werden, also auf jede Verletzung des Gesetzes. Verletzungen der unter aa) bis ee) dargestellten gesetzlichen, sich jedenfalls im Wege verfassungskonformer Auslegung ergebenden Anforderungen des § 327c Abs. 2 AktG im Verfahren zur Ermittlung und Prüfung der angemessenen Abfindung fallen unter § 243 Abs. 1 AktG. Sie sind als Anfechtungsgründe nicht gemäß § 327f Satz 1 AktG ausgeschlossen. Sie betreffen nicht die dort genannte und ausgeschlossene Rüge, dass die durch den Hauptaktionär festgelegte Barabfindung nicht angemessen ist. Sie betreffen vielmehr das gesetzlich geregelte Verfahren zur Bestimmung der angemessenen Abfindung. Dass darauf eine Anfechtungsklage gestützt werden kann, folgt unmittelbar aus § 327f Satz 3 AktG[121].

Wer dies anders sieht, muss den Anfechtungsausschluss der Variante 2 von § 327f Satz 1 AktG im Wege verfassungskonformer Auslegung entsprechend eng auslegen.

---

121 Vgl. Habersack, in: Emmerich/Habersack, § 327f AktG Rn. 4; ebenso Grzimek, in: Geibel/Süßmann, § 327f AktG Rn. 9 zur Mangelhaftigkeit des Prüfungsberichts; im Ergebnis auch Steinmeyer/Häger, § 327c AktG Rn. 11 a.E.

c) Ergebnis: Ausreichendes Schutzkonzept bei verfassungskonformer Auslegung der Regelungen über den unabhängigen Prüfer

Insgesamt lässt sich deshalb festhalten: Der Gesetzgeber hat ein Schutzkonzept gewählt und umgesetzt, das bei sachgerechtem Verständnis von sich aus, jedenfalls aber im Wege verfassungskonformer Auslegung den verfassungsrechtlichen Schutzpflichten des Gesetzgebers zu Gunsten des Vermögens des Minderheitsaktionärs ausreichend Rechnung trägt.

5. Nachträgliche gerichtliche Kontrolle zur Abfindungshöhe

Die verfassungsrechtlichen Schutzvorgaben machen aber auch eine – naturgemäß nachträgliche – gerichtliche Kontrolle der von der Hauptversammlung beschlossenen Abfindung erforderlich.

a) Verfassungsrechtliche Vorgaben

Das BVerfG hat schon klargestellt, dass eine solche Prüfung nicht dadurch entbehrlich wird, dass die Abfindung zuvor im Rahmen eines Gutachtens durch sachverständige Prüfer ermittelt wird[122].

Das folgt im Übrigen auch aus Art. 19 Abs. 4 GG, der deshalb anwendbar ist, weil die Minderheitsaktionäre ein verfassungsrechtlich garantiertes und gesetzlich ausgeprägtes Recht auf angemessene Abfindung und auf Einhaltung der Verfahrensanforderungen an einen Sqeeze out haben und dieses verletzt sein kann, wenn Ermittlung und außergerichtliche Prüfung der Abfindungshöhe rechtswidrig oder – was auch bei Sachverständigen vorkommen soll[123] – im Einzelfall fehlerhaft erfolgt sind.

b) Regelungen in § 327f AktG und im neuen Spruchverfahren

Die Möglichkeit nachträglicher Kontrolle der Abfindungshöhe eröffnet § 327f Satz 2 AktG i.V. mit dem neuen SpruchG.

Das Spruchverfahren nach dem neuen SpruchG ist aber zu Lasten des Antragstellers, also der Minderaktionäre, deutlich verschärft worden[124]. Das betrifft zum einen die deutlich erhöhte Darlegungs- und Substantiierungslast für den antragstellenden Minderheitsaktionär (§ 4 Abs. 2 Satz 2 Nr. 4 SpruchG), die dafür maßgeblichen kurzen Fristen (§ 4 Abs. 1, § 7 Abs. 4, 9

---

122 BVerfG ZIP 2000, 1670 (1672) im Anschluss an Lutter/Drygala, FS Kropff, S. 206.
123 Die erste empirische Untersuchung ist ernüchternd, vgl. Rathausky, AG-Report 2004, 24 (26).
124 Vgl. Meilicke/Heidel, DB 2003, 2267 ff.

SpruchG), die Zurückweisung eines verspäteten Vorbringens (§ 10 SpruchG) und vor allem den Rückgriff auf den außergerichtlich tätigen Sachverständigen im Sinne des § 327c Abs. 2 Satz 3 AktG (§ 7 Abs. 6, § 8 SpruchG).

Die allgemeine Begründung der Bundesregierung zum Gesetzentwurf führt diesbezüglich aus, dass mit den Neuregelungen die bisher üblichen „flächendeckenden" Gutachten möglichst vermieden werden sollen. Vielmehr soll verstärkt auf den Bericht des – künftig generell vom Gericht zu bestellenden – sachverständigen Prüfers, der regelmäßig vor der Durchführung der Strukturmaßnahme tätig wird und die Angemessenheit der Kompensation prüft, zurückgegriffen werden. Im Regelfall soll nur noch die konkrete Überprüfung streitiger Punkte der Bewertung erfolgen[125]. § 8 SpruchG ermöglicht es auch, den früher tätig gewordenen sachverständigen Prüfer im Sinne von § 327c Abs. 2 Satz 3 AktG auch für das Spruchverfahren zum Sachverständigen zu bestellen. Dafür spricht nach der Gesetzesbegründung, dass er den Sachverhalt bereits kenne und sich mit Bewertungsfragen schon eingehend auseinandergesetzt habe[126]. Seinem nach § 7 Abs. 3 SpruchG vom Hauptaktionär im Spruchverfahren vorzulegenden Prüfungsbericht kann nach der Gesetzesbegründung ein höherer Beweiswert für das Spruchverfahren zukommen. Diese Prüfungsberichte sollen deshalb verstärkt als Grundlage zur Entscheidungsfindung des Gerichts in Spruchverfahren dienen, weil sie künftig durch „gerichtlich bestellte, unabhängige Prüfer erstellt werden"[127].

Im Gesetzgebungsverfahren zwar nicht zur Novellierung des Spruchverfahrens, aber zum Squeeze out ist gerade von organisierten Aktionärsschützern wie der Deutschen Schutzgemeinschaft für Wertpapierbesitz e.V. Einverständnis damit erklärt worden, dass den Antragstellern in derartigen Verfahren gewisse Darlegungslasten auferlegt werden, soweit ihnen das zumutbar ist. In der Praxis der Spruchverfahren gehörten ohnehin gut begründete Antragsschriftsätze längst zum Standard, jedenfalls bei den von der DSW vertretenen Antragstellern[128]. Deshalb genügt die Einzelausgestaltung des Spruchverfahrens nach dem SpruchG grundsätzlich, jedenfalls bei sachgerechter Handhabung durch die zuständigen Gerichte[129] der Zumutbarkeitsgrenze.

---

125 BT-Drs. 15/371, S. 1, vgl. auch S. 12.
126 BT-Drs. 15/371, S. 15.
127 BT-Drs. 15/371, S. 14.
128 Öffentliche Anhörung des Finanzausschusses des Deutschen Bundestages am 18. Oktober 2001, Protokoll-Nr. 111, S. 122.
129 Dazu Meilicke/Heidel, DB 2003, 2267 ff.

Dies gilt auch für den stärkeren Einsatz des Gutachters nach § 327c Abs. 2 Satz 3 AktG. Dieser ist beim Squeeze out – anders als bei anderen Formen der Verdrängung von Minderheitsaktionären[130] – kein Parteigutachter, sondern unabhängig. Ist er ein Parteigutachter, ist der in der Hauptversammlung gefasste Squeeze out-Beschluss gesetzwidrig im Sinne von § 243 Abs. 1 AktG und auf die dann nach § 327f Satz 1 AktG eröffnete Anfechtungsklage aufzuheben. Im Übrigen hindert die Möglichkeit der stärkeren Einbeziehung des nach § 327c Abs. 2 Satz 3 AktG gerichtlich bestellten, unabhängigen sachverständigen Prüfers das Spruchstellengericht nicht, gleichwohl einen eigenen, weiteren Sachverständigen für das Spruchverfahren zu bestimmen[131]. So hat es im Übrigen auch der Gesetzgeber gesehen. In der Begründung zu § 8 SpruchG heißt es diesbezüglich ausdrücklich[132]:

> „Andererseits dient das Spruchverfahren gerade der Überprüfung der vom sachverständigen Prüfer für korrekt befundenen Ergebnisse der Unternehmensbewertung. Dabei dürfte in den meisten Fällen eine gewisse ,Hemmschwelle' bestehen, sich selbst zu korrigieren. Diese Gesichtspunkte wird das Gericht bei seiner Entscheidung über die Behandlung sorgsam abzuwägen haben."

6. Sicherung der Auszahlung einer angemessenen Abfindung

Die Vorbedingung 2 könnte deshalb nicht erfüllt sein, weil die Ausgestaltung des Squeeze out in den §§ 327a ff. AktG nicht sicherstellt, dass eine angemessene Abfindung des verdrängten Minderheitsaktionärs nicht nur beschlossen, sondern auch tatsächlich vom Hauptaktionär geleistet wird. Damit sind angesprochen sowohl das Risiko der Insolvenz des Hauptaktionärs als auch die Schwierigkeiten der Rechtsverfolgung von Ansprüchen gegen den Hauptaktionär, insbesondere, wenn er seinen Sitz im Ausland hat.

a) Verfassungsrechtlicher Maßstab

Fragen nach einer verfassungsrechtlich gebotenen Besicherung der Abfindung standen bislang in der Rechtsprechung des BVerfG nicht im Vordergrund. Gestreift wurden sie in der Feldmühle-Entscheidung. Dort hat das BVerfG gesehen, dass das damalige Umwandlungsgesetz den ausscheidenden Aktionären keinen Anspruch auf Besicherung gegen den übernehmen-

---

130 Vgl. das von Meilicke/Heidel genannte Beispiel der Eingliederung, DB 2003, 2267 (2272, Fn. 57).
131 Ausdrücklich Meilicke/Heidel, DB 2003, 2267 (2272).
132 BT-Drs. 15/371, S. 15.

den Hauptgesellschafter gewährt. Die Feldmühle-Entscheidung wollte die Mehrheitsumwandlung als solche deshalb nicht für verfassungswidrig halten, weil „ordentliche Gerichte Teilzahlungen, die Spruchstellen Abschlagszahlungen anordnen" könnten[133]. Auf diese kurz hingeworfene Bemerkung ist das BVerfG später nie wieder zurückgekommen. Insbesondere die letzte Grundsatzentscheidung, Moto-Meter, deutet auf eine zwischenzeitlich veränderte, gegenteilige Sichtweise hin. Dort heißt es (Hervorhebung von uns)[134]:

> „Es ist verfassungsrechtlich nicht zu beanstanden, wenn die Beeinträchtigung der Minderheitsaktionäre hinsichtlich ihrer Kapitalanlage im Lichte dieses Grundrechts als nicht besonders schwer bewertet wird, sofern die Aktionäre eine dem Wert ihrer Aktien entsprechende Entschädigung erhalten. Dann ist es ihnen in aller Regel möglich, eine alternative Kapitalanlage in einem Unternehmen gleicher oder ähnlicher Ausrichtung zu finden, jedenfalls in Zeiten eines funktionierenden Kapitalmarktes."

Im Anschluss heißt es (Hervorhebung von uns)[135]:

> „*Es muss Sicherungen* dafür *geben*, dass ein zu Ausscheiden gezwungener Aktionär *erhält*, was seine gesellschaftliche Beteiligung an dem arbeitenden Unternehmen wert ist."

Gerade die neueren Aussagen des BVerfG in der Moto-Meter-Entscheidung legen es nahe, dass nach Auffassung des BVerfG von Verfassungs wegen durch den Gesetzgeber gesichert werden muss, dass der ausscheidende Minderheitsaktionär die Abfindung auch tatsächlich erhält. Alles andere wäre auch nicht damit zu vereinbaren, dass das BVerfG die Gewährleistung einer wirtschaftlich vollen Entschädigung zu einer der beiden Vorbedingungen für die Zulässigkeit des Herausdrängens von Minderheitsaktionären erhoben hat.

b) Beurteilung von § 327b Abs. 3 AktG

Der Gesetzgeber hat das im Grundsatz gesehen und im § 327b Abs. 3 AktG die Sicherungsleistung durch ein inländisches Kreditinstitut verlangt. Nach der Begründung des Regierungsentwurfs soll damit den Minderheitsaktionären[136]

---

133 BVerfGE 14, 263 (287).
134 BVerfG ZIP 2000, 1670 (1672).
135 BVerfG ZIP 2000, 1670 (1672).
136 BT-Drs. 14/7034, S. 72.

"... zusätzlich ein unmittelbarer Anspruch gegen ein Kreditinstitut eingeräumt und damit die Durchsetzung des Abfindungsanspruchs gegen den Hauptaktionär erleichtert werden."

aa) Grundsätzlich tauglicher Ansatz des Gesetzgebers

Eine solche Sicherheitsleistung eines inländischen Kreditinstituts beseitigt sowohl das Risiko der Insolvenz des Hauptaktionärs vor Leistung der Abfindung wie die Risiken, die mit einer Anspruchsverfolgung gegenüber einem ausländischen Hauptaktionär verbunden sind. Deshalb ist der vom Gesetzgeber im § 327b Abs. 3 AktG gewählte Ansatz grundsätzlich geeignet, den verfassungsrechtlichen Vorgaben zu entsprechen.

bb) Sicherung auch von Aufstockungsbeträgen und Zinsen

Fraglich ist aber, ob der vom Gesetzgeber gewählte Ansatz die erforderliche Reichweite aufweist. Die zu sichernde Entschädigung ist nach der Rechtsprechung des BVerfG diejenige, die durch den vollen Wert des arbeitenden Unternehmens bestimmt ist. Angesichts der Ausgestaltung des Squeeze out ist keineswegs selbstverständlich, dass die vom Hauptaktionär einseitig nach § 327b Abs. 1 Satz 1, erster Halbsatz AktG (zunächst) festgelegte Abfindung mit der verfassungsrechtlich gebotenen Abfindung identisch ist. Dagegen spricht schon der vom Gesetzgeber vorgefundene rechtstatsächliche Befund. Schon bisher wurden bei vergleichbaren Konstellationen die angebotenen Abfindungen in einem Spruchstellenverfahren im Durchschnitt um etwa 50% aufgestockt[137]. Zu dieser Aufstockung kommen ohnehin noch etwaige Zinsen hinzu[138].

aaa) Enge Auslegung durch die herrschende Meinung

§ 327b Abs. 3 AktG ist aber nicht ausdrücklich so gefasst, dass neben der vom Hauptaktionär festgelegten Abfindung (§ 327b Abs. 1 Satz 1, erster Halbsatz AktG) auch etwaige Aufstockungen im Spruchverfahren (§ 327f Satz 2 AktG) und etwaige Zinsen (§ 327b Abs. 2 AktG) unter die im § 327b Abs. 3 AktG geforderte Gewährleistung fallen. Für eine weite Auslegung, die die Elemente der Abfindungsaufstockung und der Abfindungsverzinsung mit einschließt, spricht zwar die Formulierung, dass das Kreditinstitut die „Gewährleistung für die Erfüllung der Verpflichtung des Hauptaktionärs" übernimmt. Aber die Beschränkung auf die vom Hauptaktionär nach § 327b Abs. 1 Satz 1, erster Halbsatz AktG festgelegte Abfindungshöhe mag darauf

---

137 Vgl. schon oben und Meilicke/Heider, DB 2003, 2267 (2270).
138 Vgl. nur § 327b Abs. 2 AktG und unten S. 53 ff.

hindeuten, dass allein die ursprünglich vom Hauptaktionär festgelegte Abfindung maßgeblich ist[139].

bbb) Verfassungsrechtliche Rechtfertigung einer nur teilweisen Sicherung?

Mit diesem Inhalt wäre § 327b Abs. 3 AktG aber verfassungsrechtlich defizitär, weil es an der verfassungsrechtlich gebotenen Sicherung der wirtschaftlich vollen Entschädigung fehlen würde[140]. Zu einem anderen Ergebnis könnte man nur auf zwei Wegen kommen: Eine Sicherungslücke könnte durch sachliche Gründe gerechtfertigt werden. Zum anderen könnte argumentiert werden, dass eine defizitäre Sicherung der vollen Abfindungshöhe an anderer Stelle kompensiert wird. Denn es ist gerade die Sicherstellung einer wertmäßig vollen Entschädigung der Minderheitsaktionäre, die nach dem Grundansatz des BVerfG dazu führen soll, dass die Beeinträchtigung der Mitgliedschafts- bzw. Herrschaftsrechte der Minderheitsaktionäre nicht besonders schwer wiegt. Defizite bei der Kompensation würden danach die Gewichte wieder zu Gunsten des Minderheitsaktionärs und damit tendenziell zu Lasten der Zulässigkeit eines Squeeze out verschieben.

ccc) Keine anderweitige Kompensation

Letztere Variante scheidet zur Rechtfertigung einer defizitären Sicherung der vollwertigen Abfindung von § 327b Abs. 3 AktG von vornherein aus, weil der Gesetzgeber den Squeeze out mit einem denkbar weiten Anwendungsbereich ausgestattet hat, der weder an Pflichtangebote gebunden ist, noch eine Börsennotierung voraussetzt, sondern sogar für Kommanditgesellschaften auf Aktien zulässig ist und auch dann möglich ist, wenn der Hauptaktionär eine natürliche Person ist[141]. Das ist in der öffentlichen Anhörung des Finanzausschusses des Deutschen Bundestages am 18.10.2001 kritisiert worden, insbesondere von *Lutter*[142].

---

139 So im Ergebnis die ganz überwiegende Auffassung: OLG Köln BB 2003, 2307 (2309); OLG Stuttgart ZIP 2003, 2363 (2367); Grunewald, in: Münchener Kommentar zum AktG, § 327b AktG Rn. 18; Hasselbach, in: Kölner Kommentar zum WpÜG, § 327b AktG Rn. 32; Krieger, BB 2002, 53 (58); Singhof/Weber, WM 2002, 1158 (1168); Sieger/Hasselbach, ZGR 2003, 120 (151); Hüffer, § 327b AktG Rn. 10; Grzimek, in: Geibel/Süßmann, 327b AktG Rn. 42.
140 Zutreffend Heidel/Lochner, in: Heidel, Aktienrecht, § 327b AktG Rn. 15; Meilicke, DB 2001, 2387 (2389).
141 Vgl. Hüffer, § 327a AktG Rn. 5 ff.
142 Protokoll-Nr. 111, S. 264 ff.

ddd) Keine sachlichen Gründe für Sicherungslücke

Die Stellungnahme des Deutschen Anwaltsvereins in der öffentlichen Anhörung des Finanzausschusses hat deshalb die andere Argumentationsvariante gewählt. Sie hat die Existenz einer „Sicherungslücke" ausdrücklich eingestanden, diese aber wie folgt zu rechtfertigen versucht: Man müsse die Sicherungslücke hinnehmen, da eine Bankgarantie für einen möglicherweise erst nach vielen Jahren zu zahlenden Nachschlag in unbekannter Höhe, wenn sie überhaupt erreichbar ist, jedenfalls sehr aufwendig und schwerlich zumutbar wäre. Man könne erwägen, so die Stellungnahme des Deutschen Anwaltsvereins, stattdessen der Gesellschaft eine gesamtschuldnerische Mithaftung für eine vom Gericht festgesetzte Zuzahlung aufzuerlegen. Aber auch das könne unangemessen sein, weil die Gesellschaft an dem Spruchverfahren allenfalls passiv beteiligt ist und sie zur Zeit der gerichtlichen Entscheidung möglicherweise schon längst nicht mehr zum Konzern des Hauptaktionärs gehört[143].

Diese Überlegungen sind nicht überzeugend. Hätte der Gesetzgeber sie sich zu eigen gemacht, würde er gegen die Vorgabe verstoßen, eine gesetzgeberische Abwägungsentscheidung auf der Basis vollständiger und tatsächlich zutreffender Annahmen vorzunehmen. Denn die Stellungnahme des Deutschen Anwaltsvereins blendet vollkommen aus, dass die eingestandene „Sicherungslücke" nach den Erfahrungen der Vergangenheit substantiellen Charakter hat, weil die bislang festgesetzten Abfindungen in vergleichbaren Fällen im späteren Spruchverfahren regelmäßig massiv angehoben worden sind. Auch die Wertungen der DAV-Stellungnahme sind unhaltbar. Eine Bankgarantie in mehrfacher Höhe ist bei festgesetzten Barabfindungen erreichbar. Sie ist umso leichter erreichbar, je stärker der Hauptaktionär der Bank dartun kann, dass sein Angebot angemessen und das Risiko einer Anhebung der Abfindung gering ist. Die durch eine solche Bankgarantie verursachten Mehrkosten stehen in ihrer „Belastungswirkung" für den Hauptaktionär in einem vollkommen zumutbaren Verhältnis zu dem Vorteil, den er zu Lasten der Minderheitsaktionäre aus dem Squeeze out ziehen kann. Ganz schwach ist das Argument, mit dem eine Mithaftung der Gesellschaft selbst ausgeschlossen wird. Wenn die Gesellschaft zum Zeitpunkt der gerichtlichen Entscheidung schon „längst" nicht mehr zum Konzern des Hauptaktionärs gehört, hat der Erwerber zwar Anteile an einer mit einer gesamtschuldnerischen Mithaftung belasteten Gesellschaft erworben. Er erleidet hierdurch aber keinen Nachteil, weil ihm der Umstand der gesamtschuldnerischen Mithaftung für die angemessene Abfindung der hinausgedrängten Minder-

---

143 Protokoll Nr. 111, S. 236.

heitsaktionäre bekannt ist oder bekannt sein kann, also bei der Aushandlung des Kaufpreises zu Lasten des Hauptaktionärs berücksichtigt wird.

cc) Verfassungskonforme Auslegung

Damit stellt sich nur noch die unterschiedlich beantwortete Frage, ob § 327b AktG verfassungskonform ausgelegt werden kann oder nicht – letzteres dann aber mit der Folge, dass daran die Zulässigkeit des Squeeze out wegen mangelnder Erfüllung der Vorbedingung 2 insgesamt scheitern würde[144].

In Wahrheit steht einer verfassungskonformen Auslegung des § 327b Abs. 3 AktG, also einer Einbeziehung möglicher Aufstockungsbeträge, die sich im Spruchverfahren ergeben, und anfallender Zinsen, nichts entgegen. Dass das Gesetz an dieser Stelle den Umfang der Garantie nicht eindeutig bestimmt, in dieser Frage also unterschiedliche Auslegungsmöglichkeiten vom Wortlaut des Gesetzes gedeckt sind, wird in der Literatur nicht in Frage gestellt[145]. Schon das eröffnet aber die Möglichkeit einer verfassungskonformen Auslegung.

Die bisher zu diesem Problemkreis ergangenen Entscheidungen der Fachgerichte haben die Problematik durchweg verkannt. So hat das OLG Hamburg in der Entscheidung zu Metropol/Volksfürsorge[146] ausgeführt, das Risiko, dass im Spruchverfahren ein höherer Betrag festgesetzt wird und der Hauptaktionär diese Differenz nicht zahlen kann, mache die Regelung nicht verfassungswidrig, zumal das Insolvenzrisiko bei anderen Strukturmaßnahmen, deren Verfassungskonformität nicht bezweifelt wird, überhaupt nicht abgesichert sei. Eine solche Argumentation ignoriert, dass der Gesetzgeber selbst durch die Einführung von § 327b Abs. 3 AktG zu erkennen gegeben hat, dass er dem Minderheitsaktionär das Insolvenzrisiko des Hauptaktionärs beim Squeeze out nicht aufbürden will[147]. Vergleichbares gilt für die Argumentation des OLG Köln im Beschluss vom 06. Oktober 2003[148] und des Landgerichts Berlin im Urteil vom 17. Februar 2003[149]. Beide Gerichte erkennen die Gefahr, dass der Hauptaktionär beispielsweise nach einer zwischenzeitlichen Insolvenz oder nach späterer Herabsetzung seines Stammkapitals die

---

144 Für verfassungskonforme Auslegung Heidel/Lochner, in: Heidel, Aktienrecht, § 327b AktG Rn. 15; für Verfassungswidrigkeit Meilicke, DB 2001, 2387 (2389).
145 Vgl. ausdrücklich Hasselbach, in: Kölner Kommentar zum WpÜG, § 327b AktG Rn. 31; Sieger/Hasselbach, ZGR 2002, 121 (151).
146 ZIP 2003, 2076 (2077).
147 So schon OLG Hamburg ZIP 2003, 1344 (1348).
148 BB 2003, 2307 (2309).
149 ZIP 2003, 1353 (1355).

im Spruchverfahren als angemessen festgestellte (höhere) Barabfindung nicht mehr zu bezahlen vermag und damit der Minderheitsaktionär am Ende nicht den vollen Gegenwert seiner Beteiligungen erhält. Damit räumt sowohl das OLG Köln als auch das LG Berlin ein, dass dann eine verfassungswidrige Situation einträte. Gleichwohl glauben beide, dieses Risiko „für verfassungsmäßig nur unwesentlich" bzw. „für eher abstrakt und vertretbar" erklären zu können. Dies ließe sich aber allenfalls dann vertreten, wenn aus den Gesetzgebungsmaterialien klar hervorginge, dass der Gesetzgeber eine solche bewusste Entscheidung, nur die (Grund-)Abfindung zu sichern, getroffen hätte. Davon kann aber keine Rede sein.

c) Ergebnis zur Sicherungsfrage

Die verfassungsrechtliche Vorbedingung 2 für den Ausschluss von Minderheitsaktionären ist nur gewahrt, wenn der Anspruch auf vollwertige Entschädigung tatsächlich erfüllt wird und der Gesetzgeber diese Erfüllung sichergestellt hat. Zwar hat der Gesetzgeber mit § 327b Abs. 3 AktG einen grundsätzlich tauglichen Ansatz gewählt. Die Vorschrift wäre aber verfassungsrechtlich unzureichend, wenn man sie – mit der herrschenden Meinung – auf die Sicherung der vom Hauptaktionär festgesetzten Abfindung beschränkt, also nicht auch auf spätere Aufstockungsbeträge (durch das Spruchverfahren) und Zinsen (§ 327b Abs. 2 AktG) erstreckt. Eine entsprechende verfassungskonforme Auslegung von § 327b Abs. 3 AktG ist nicht nur geboten, sondern mangels entgegenstehendem Wortlaut auch möglich.

7. Verzinsung einer zu spät ausgezahlten Abfindung

Der Gesetzgeber hat darauf verzichtet, den Übergang der Aktien der herausgedrängten Minderheitsaktionären auf den Hauptaktionär von der vorherigen Auszahlung der angemessenen Abfindung abhängig zu machen. Deshalb hat er in § 327b Abs. 2 AktG eine Verzinsungsregelung vorsehen müssen. Auch sie ist verfassungsrechtlichen Bedenken ausgesetzt[150]. Nach dem ersten Halbsatz ist die Barabfindung von der Bekanntmachung der Eintragung des Übertragungsbeschlusses in das Handelsregister an (und nicht schon mit der bloßen Eintragung) zu verzinsen und zwar jährlich mit 2 % über dem jeweiligen Basiszinssatz. Die Geltendmachung eines weiteren Schadens ist nach dem zweiten Halbsatz nicht ausgeschlossen.

---

150 Heidel/Lochner, in: Heidel, Aktienrecht, § 327b AktG Rn. 9. Ähnlich Korsten, EWiR 2003, 1169 (1170).

§ 4 Squeeze out und Eigentumsgarantie

Das führt zu folgenden Fragen:

a) Kein Zeitloch

Was rechtfertigt es, dass die Aktien der Minderheitsaktionäre schon mit der Eintragung des Übertragungsbeschlusses in das Handelsregister auf den Hauptaktionär übergehen, die „Gegenleistung" in Form der Abfindung aber nicht ab dem selben Zeitpunkt, sondern erst nach der – späteren – Bekanntmachung der Eintragung verzinst werden muss?

Immerhin entsteht der Anspruch auf die Abfindung mit der Eintragung des Übertragungsbeschlusses und nicht erst mit der Bekanntmachung der Eintragung. Das wird von der Begründung des Regierungsentwurfs zu § 327e Abs. 3 AktG ausdrücklich klargestellt[151]. Aus der Begründung des Regierungsentwurfs ist auch nicht ersichtlich, ob der Gesetzgeber bewusst und wenn ja aus welchen Gründen das Wirksamwerden des Squeeze out-Beschlusses und den Verzinsungsbeginn auseinanderfallen lassen wollte. Zur Verzinsungspflicht nach § 327b Abs. 2 AktG heißt es im Regierungsentwurf lediglich, die Regelung folge dem Vorbild ähnlicher Regelungen wie § 305 Abs. 3 Satz 3 und § 320b Satz 1 Satz 4 AktG[152]. Diese Begründung spricht aber dagegen, dass der Gesetzgeber das Problem überhaupt erkannt hat. Denn in § 305 Abs. 3 Satz 3 AktG beginnt die Verzinsungspflicht gerade mit Ablauf des Tages, an dem der Beherrschungs- oder Gewinnabführungsvertrag wirksam geworden. Eine zeitliche Lücke, in der keine Verzinsung beansprucht werden kann, kann hier also gar nicht auftreten. Anders ist es bei § 320b Abs. 1 Satz 6 AktG, der im Vergleich zum Wirksamwerden der Eingliederung (§ 320a AktG) das gleiche Zeitloch für die Verzinsung aufweist wie die Regelung über den Squeeze out.

Eine sachliche Begründung für die Differenzierung, die vor dem aus Art. 14 Abs. 1 GG folgenden vollen Wertgarantieanspruch rechtfertigungsbedürftig ist, gibt es weder beim Squeeze out noch bei der Eingliederung. Jedenfalls beim Squeeze out hat der Gesetzgeber die Problematik nicht erkannt, mit der Folge, dass von einem unbeachtlichen Redaktionsversehen auszugehen ist. Der Zinsanspruch nach § 327b Abs. 2, erster Halbsatz AktG beginnt dann entsprechend § 305 Abs. 3 Satz 3 AktG mit der Eintragung des Übertragungsbeschlusses in das Handelsregister[153]. Wer ein Redaktionsversehen aus

---

151 BT-Drs. 14/7034, S. 73.
152 BT-Drs. 14/7034, S. 72.
153 Vgl. § 327 Abs. 3 Satz 1 AktG.

welchen Gründen auch immer verneinen will, kommt über die verfassungskonforme Auslegung zum selben Ergebnis[154].

b) Zinshöhe

Die zweite Frage betrifft die Höhe der Verzinsung. Sie erscheint im Vergleich zu Prozesszinsen (§ 105 ZPO: 5% über dem Basiszinssatz) eher niedrig und liegt aktuell mit 3,22% sowohl unter dem Kaufmannszinssatz des § 352 HGB wie unter dem gesetzlichen Zinssatz aus § 246 BGB (4%). Der in § 327b Abs. 2 Satz 1 Halbsatz 1 AktG genannte Zinssatz für die Abfindung muss aber im Zusammenhang mit dem zweiten Halbsatz dieser Vorschrift bewertet werden. Die Meinungen in der Literatur sind dazu geteilt.

Teilweise wird angenommen, Minderheitsaktionäre könnten regelmäßig einen höheren Schaden über den zweiten Halbsatz geltend machen, weil dies nicht an die Voraussetzungen des Schuldnerverzugs oder einer sonstigen besonderen Anspruchsgrundlage wie § 280 Abs. 1 BGB geknüpft ist. Denn der Squeeze out selbst begründe ein gesetzliches Schuldverhältnis, zumal der Hauptaktionär schon von Verfassungs wegen verpflichtet sei, den ausgeschlossenen Minderheitsaktionären alle Schäden zu ersetzen, die sie durch die zwangsweise Aufgabe des Aktieneigentums erdulden müssten. Daneben wird der im ersten Halbsatz verankerte – relativ – niedrige Zinssatz von 2% über dem Basiszinssatz und der Hinweis auf die regelmäßig lange Dauer des Spruchverfahrens für verfassungswidrig gehalten, weil er gegen das Gebot der vollen Entschädigung verstoße. Dafür wird darauf abgestellt, dass bei der Berechnung der Barabfindung den Aktionären eine Wiederanlagemöglichkeit zu einem Zinssatz von rund 7% von den Zukunftserträgen abgezogen wird, wobei der Kapitalisierungszins jährlich mit Zinseszinsen diskontiert wird. Der ausgeschlossene Aktionär stehe durch die Verzinsung der Nachzahlung mit einem niedrigeren Zinssatz als dem Zinssatz, mit dem die Zukunftserträge für die Berechnung der Abfindung diskontiert werden, wirtschaftlich schlechter da als ohne den Squeeze out. Um zu einer vollständigen Entschädigung zu kommen, müsste die Verzinsung einschließlich Zinseszins mindestens zu dem Kapitalisierungszins erfolgen, zu den die Zukunftserträge bei der Bemessung der Abfindung diskontiert werden[155].

---

154 So Korsten, EWiR 2003, 1169 (1170), der allerdings von einer Verzinsung schon von dem Zeitpunkt des Hauptversammlungsbeschlusses an ausgeht. Für Verfassungswidrigkeit Heidel/Lochner, in: Heidel, Aktienrecht, § 327b AktG Rn. 9, die auf die Möglichkeit der verfassungskonformen Auslegung aber gar nicht eingehen.
155 Vgl. zum Vorstehenden Meilicke/Heidel, DB 2003, 2267 (2268 f.), dort zugleich mit der weitergehenden, wohl rechtspolitischen Forderung, die Verzinsung zusätzlich mit einer Strafkomponente auszustatten, um das Spruchverfahren zu beschleunigen.

Demgegenüber wird überwiegend eine verfassungsrechtliche Problematik im Zusammenhang mit dem (Regel-)Zinssatz nach § 327b Abs. 2 Halbsatz 1 AktG verneint und ein weitergehender (Zins-)Schadensanspruch nach dem zweiten Halbsatz von der Voraussetzung des Verzugs abhängig gemacht[156]. Dabei wird darauf hingewiesen, die Abfindungszahlung – auch in der gegebenenfalls erst später im Spruchverfahren festgesetzten Höhe – werde schon mit Einreichung der Aktien des Minderheitsaktionärs bei dem Hauptaktionär fällig. Die Minderheitsaktionäre hätten deshalb die Möglichkeit, den Verzug des Hauptaktionärs schon zu einem sehr frühen Zeitpunkt herbeizuführen – mit der Folge von Verzugszinsen nach § 288 Abs. 1 BGB (5 Prozentpunkte über dem jeweiligen Basiszinssatz) oder sogar nach Abs. 2 (8 Prozentpunkte über dem jeweiligen Basiszinssatz). Unter Hinweis auf die leichte Herbeiführbarkeit des Verzugs wird angenommen, die Regelung des § 327b Abs. 2 Halbsatz 1 AktG werde in der Praxis jedenfalls teilweise leer laufen[157].

Verfassungsrechtliche Bedenken gegen die Regelung des § 327b Abs. 2 Halbsatz 1 AktG bestehen nur, wenn es den Minderheitsaktionären nicht möglich ist, mit zumutbarem Aufwand eine marktübliche Verzinsung zu erreichen. Dabei ist es im Ausgangspunkt nur konsequent, den Minderheitsaktionären denjenigen Zinssatz zuzubilligen, mit dem man sie bei der Diskontierung der Zukunftserträge der Gesellschaft belastet. Dies sind regelmäßig etwa 7%, wobei die genaue Höhe der angenommenen Wiederanlagemöglichkeit bei der Berechnung der Barabfindung auch von der Höhe des Basiszinssatzes beeinflusst wird.

Allein der Umstand, dass die Minderheitsaktionäre vom Hauptaktionär mit einem Squeeze out überzogen werden, schließt es nicht grundsätzlich aus, ihnen gewisse Initiativpflichten zur Wahrung ihrer Vermögensposition aufzuerlegen. Bei der bestehenden Sach- und Rechtslage kann ein Minderheitsaktionär den Hauptaktionär auch mit ganz geringem Aufwand in Verzug setzen. Maximal zwei Schreiben genügen, um über § 327b Abs. 2 Halbsatz 2 AktG i.V.m. §§ 286 Abs. 1 Satz 1, 288 BGB eine Verzinsung von mindestens fünf Prozentpunkten über dem Basiszinssatz zu erreichen. Dies entspricht selbst unter Zugrundelegung des aktuellen, historisch niedrigen Basiszinssatzes der Wiederanlagemöglichkeit von rund 7%, mit der bei der Berechnung der Barabfindung von den Zukunftserträgen diskontiert wird. Im Regelfall der nicht körperlich verbrieften Aktien, bei dem die Fälligkeit des Abfindungsanspruches automatisch mit Umschreibung durch die zu-

---

156 OLG Stuttgart ZIP 2003, 2363 (2367); Hasselbach, in: Kölner Kommentar zum WpÜG, § 327b AktG Rn. 14; Hüffer, § 327b AktG Rn. 8.
157 Hasselbach, in: Kölner Kommentar zum WpÜG, § 327b AktG Rn. 14.

ständige Clearingstelle eintritt, genügt sogar eine e-mail an den Hauptaktionär. Und auch in dem seltenen Fall körperlich verbriefter Aktien hat einer solchen Aufforderung zur Leistung nur die fälligkeitsauslösende Einreichung der Aktien zur vom Hauptaktionär benannten Abwicklungsstelle vorauszugehen. Dies überfordert selbst einen unterdurchschnittlich gebildeten und erfahrenen Aktionär nicht.

Auch der Umstand, dass zwischen Fälligkeit des Abfindungsanspruchs und Verzug des Hauptaktionärs ein Zeitraum von wenigen Tagen liegen kann, wenn der Minderheitsaktionär die Aufforderung zur Leistung auf dem Postwege vornimmt, ändert hieran nichts. Dies schon deshalb, weil der Minderheitsaktionär in diesem Fall den Hauptaktionär auch per e-mail zur Leistung hätte auffordern können. Ganz abgesehen davon gebietet es Art. 14 GG aber auch nicht, den Abfindungsanspruch schon vom ersten Moment der Fälligkeit an mit dem Zinssatz einer Wiederanlagemöglichkeit von rund 7% zu verzinsen. Ganz kurzfristige Zinsdifferenzen von unter einer Woche können dem Minderheitsaktionär zugemutet werden, wenn sie ihren Grund allein in der Abwicklung des Squeeze out haben.

Wer dies anders sehen will, muss entweder § 327b Abs. 2 Halbsatz 2 AktG als eigenständige Anspruchsgrundlage für Zinsen in Höhe des Verzugszinssatzes verstehen[158] oder § 286 Abs. 2 Nr. 4 BGB anwenden, weil er unter Abwägung der beiderseitigen Interessen von Haupt- und Minderheitsaktionär den sofortigen Eintritt des Verzugs für gerechtfertigt hält.

8. Ergebnis zur vollen Entschädigung

Die zweite verfassungsrechtliche Vorbedingung (volle Entschädigung für den Verlust der Rechtsposition) wird von den §§ 327a–f AktG noch gewahrt, wenn sie in mehreren Punkten verfassungskonform ausgelegt werden.

Die erforderliche verfassungskonforme Auslegung ist in allen Fällen möglich, weil Wortlaut und der vom Gesetzgeber verfolgte Zweck ihr nicht entgegen stehen.

Der Grundansatz des Gesetzes genügt den verfassungsrechtlichen Vorgaben, weil § 327a Abs. 1 Satz 1 AktG den Hauptaktionär zur Gewährung einer „angemessenen Barabfindung" verpflichtet, worunter nach der Gesetzesbegründung eine Abfindung zu verstehen ist, bei deren Bemessung wertmäßig sowohl mitgliedschaftliche Herrschaftsrechte als auch Vermögensrechte des Minderheitsaktionärs zu berücksichtigen sind.

---

158 So Koppensteiner, in: Kölner Kommentar zum AktG, § 320 Rn. 25 für den Fall des § 320 AktG a.F.

§ 4 Squeeze out und Eigentumsgarantie

Einzelne Defizite im Abfindungsverfahren, wie sie bei teilweise vertretener Auslegung der gesetzlichen Regelungen über den Squeeze out entstehen, lassen sich durch verfassungskonforme Auslegung vermeiden.
Dies betrifft zunächst die Ermittlung der angemessenen Abfindung. Von Verfassungs wegen muss die Schutzkonzeption schon vor der Entscheidung der Gesellschafter über den Ausschluss von Minderheitsaktionären ansetzen und durch eine unabhängige Ermittlung oder Kontrolle des Abfindungsangebots auf Angemessenheit sicher stellen, dass jedenfalls im Regelfall die angebotene Abfindung den verfassungsrechtlichen Vorgaben der vollen Entschädigung gerecht wird. Dem entspricht die gesetzliche Ausgestaltung des Squeeze out im Grundsatz, weil die sachverständigen Prüfer nicht vom Hauptaktionär selbst, sondern auf seinen Antrag vom Gericht ausgewählt und bestellt werden. Dies verlangt zwingend ein zweistufiges Verfahren, in dem die Prüfung erst beginnt, wenn die Ermittlung der Abfindung durch den Hauptaktionär und seine dazu eingeschalteten Gehilfen abgeschlossen ist. Eine Parallelprüfung wäre unzureichend; eine entsprechende Auslegung von § 327b AktG wäre verfassungswidrig. Verfassungswidrig wäre auch ein bindendes oder unverbindliches Vorschlagsrecht des Hauptaktionärs, weshalb § 327c Abs. 2 Satz 2 AktG – zumindest im Wege verfassungskonformer Auslegung – dahin verstanden werden muss, dass das Gericht bei der Auswahl und bei der Bestellung des Prüfers nicht nur frei ist, sondern vom Hauptaktionär etwa vorgeschlagene Prüfer schon wegen dieses Vorschlags nicht bestellen darf. § 327c Abs. 2 AktG stellt auch sicher, dass der Squeeze out nicht auf ein Gutachten gestützt werden kann, welches ein in einem Näheverhältnis zum Hauptaktionär stehender sachverständiger Prüfer erstattet hat. Von Verfassungs wegen sind Personen, die Beteiligten nahe stehen oder den Eindruck der Nähe machen, von der Bestellung zum unabhängigen Prüfer ausgeschlossen. Die dazu erforderliche verfassungskonforme Auslegung von § 327c Abs. 2 AktG ist möglich, weil ihr weder der Wortlaut des Gesetzes noch der vom Gesetzgeber verfolgte Zweck entgegen stehen. Vielmehr gelten für den vom Gericht bestellten unabhängigen sachverständigen Prüfer im Wege verfassungsgebotener Auslegung neben den Ausschlusstatbeständen des § 319 Abs. 1–3 HGB auch die Befangenheitsregelungen der §§ 406, 42 ZPO. Verstöße hiergegen können die Betroffenen im Wege der Anfechtungsklage gegen den Squeeze out-Beschluss geltend machen.

Weil der in § 327 Abs. 2 AktG vorgesehene unabhängige Prüfer tatsächlich unabhängig ist, ist auch die vom Gesetzgeber gewählte Ausgestaltung der nachträglichen gerichtlichen Kontrolle der Abfindungshöhe im Spruchverfahren nach dem neuen SpruchG verfassungskonform.

Die tatsächliche Auszahlung einer angemessenen Abfindung ist verfassungsrechtlich ausreichend abgesichert. Das vom Gesetzgeber in § 327b Abs. 3 AktG gewählte Mittel der Absicherung ist grundsätzlich tauglich. Es ist aber im Wege verfassungskonformer Auslegung auch auf (spätere) Aufstockungsbeträge und auf Zinsen zu erstrecken. Eine zu spät ausgezahlte Abfindung wird verfassungsrechtlich hinreichend verzinst. Die Regelung des § 327b Abs. 2 AktG ist verfassungskonform, weil es den Minderheitsaktionären mit zumutbarem Aufwand möglich ist, eine marktübliche Verzinsung zu erreichen.

V. Rechtfertigung durch gewichtige Gründe des Gemeinwohls

Wenn die beiden Vorbedingungen erfüllt sind, was wir allerdings erst nach Vornahme verfassungskonformer Auslegung einzelner Vorschriften der §§ 327a–f AktG bejahen, kann der Gesetzgeber den Ausschluss von Minderheitsaktionären zulassen, wenn er ihn durch gewichtige Gründe des Gemeinwohls verfassungsrechtlich rechtfertigen kann.

1. Verfassungsrechtlicher Maßstab

Die thematisch einschlägige Rechtsprechung des BVerfG verlangt zwar wichtige Gründe des Gemeinwohls, definiert aber auf abstrakter Ebene nicht näher, welche qualitativen Anforderungen an diese Gründe zu stellen sind.

a) Bisherige Rechtsprechung des BVerfG: Gemeinwohlverpflichteter Hauptaktionär gegen renditeorientierten Minderheitsaktionär

Die bisherige Rechtsprechung des BVerfG liefert aber immerhin einige Anhaltspunkte.

In der Feldmühle-Entscheidung hat das BVerfG zur Mehrheitsumwandlung angenommen, der Gesetzgeber konnte es aus gewichtigen Gründen des Gemeinwohls für angebracht halten (Hervorhebung von uns)[159],

„den Schutz des Eigentums der Minderheitsaktionäre hinter den Interessen der Allgemeinheit an einer *freien Entfaltung der unternehmerischen Initiative im Konzern* zurücktreten zu lassen."

---

159 BVerfGE 14, 263 (282).

§ 4 Squeeze out und Eigentumsgarantie

Das ergibt sich für das BVerfG aus seiner Abwägung zwischen der Bedeutung der Grundrechte aus Art. 2 Abs. 1 und Art. 14 Abs. 1 GG im Rahmen einer konzernabhängigen Gesellschaft. Auf die konzernabhängige Gesellschaft stellt das BVerfG deshalb ab, weil es den Hauptanwendungsfall der Mehrheitsumwandlung in der Umwandlung innerhalb eines Konzerns sieht, bei dem die herrschende Aktiengesellschaft die Mehrheitsumwandlung benutzt, um das Unternehmen unter Ausschaltung der Minderheit ganz zu übernehmen[160]. Das BVerfG führt zugunsten der freien unternehmerischen Initiative auch im Konzern die Zulassung des Konzerns als wirtschaftliche Organisationsform ins Feld und stellt dem auf der anderen Seite die insbesondere in Art. 14 Abs. 2 GG statuierte Verantwortlichkeit der Konzernleitung gegenüber dem Allgemeinwohl entgegen. Das private Interesse an der freien unternehmerischen Initiative im Konzern wird also dadurch zu einem Interesse der Allgemeinheit, dass es über die „Verpflichtungsklausel" von Art. 14 Abs. 2 GG an das Gemeinwohl gebunden wird. Der so gewonnenen Gemeinwohlbindung des Konzerns kann nach dem Verständnis des BVerfG der Hauptaktionär besser gerecht werden, als die Minderheitsaktionäre. Wörtlich heißt es[161]:

„Die hier zu treffenden Entscheidungen erfordern einen umfassenden Überblick über die Planung des Konzerns im Rahmen der Gesamtwirtschaft, den zwar naturgemäß die Konzernleitung besitzt, der aber dem Minderheitsaktionär in der Regel verschlossen ist, so dass dieser zwangsläufig weitgehend auf das Interesse einer Rendite und Kurs beschränkt wird. Daher muss für ihn die Aktie typischerweise mehr reine Kapitalanlage als unternehmerische Beteiligung sein. Deshalb erscheint es auch im Hinblick auf Art. 2 Abs. 1 GG nicht von vornherein unvertretbar, wenn der Gesetzgeber erlaubt, dass sich das von der Konzernleitung vertretene unternehmerische Interesse gegenüber dem Anlageinteresse des Kleinaktionärs durchsetzt."

Die Ausgangsthese des BVerfG lautet also, dass der Mehrheitsaktionär, in einem Konzern also die Konzernobergesellschaft, grundsätzlich stärker an der Realisierung des Gemeinwohls orientiert ist als der im Wesentlichen auf eigennützige Renditeziele fixierte Minderheitsaktionär. Zugrundegelegt wird also eine These vom sozialstaatlich ausgerichteten Großkapitalismus und – notwendig – egoistischen Kleinkapitalismus.

---

160 BVerfGE 14, 263 (280).
161 BVerfGE 14, 263 (282 f.).

Dieser Sichtweise bleibt auch die DAT/Altana-Entscheidung verhaftet. Sie führt in Anknüpfung an das Feldmühle-Urteil aus[162]:

„Der Gesetzgeber darf auch weiterhin davon ausgehen, dass es ein beachtenswertes unternehmerisches Interesse an Konzernierungs- und Strukturmaßnahmen gibt. Seit dem Feldmühle-Urteil hat sich dieses Interesse sogar noch verstärkt. Veränderte Rahmen- und Wettbewerbsbedingungen veranlassen viele Unternehmen dazu, ihre Unternehmenstätigkeit sowohl sachlich als auch räumlich auszuweiten und zu diversifizieren. Die Fähigkeit zur zentralen Unternehmenslenkung hält mit dieser Ausweitung nicht Schritt. Deshalb gehen Unternehmen dazu über, ihre unternehmerische Tätigkeit in unabhängige Unternehmenseinheiten auszugliedern und gesellschaftsrechtlich zu verselbständigen. Freilich bedarf es dann wieder einer Zusammenführung und Koordinierung dieser Unternehmenseinheiten, damit sich die gewünschten Synergien einstellen. Das kann nur durch Konzernierungsmaßnahmen erfolgen."

Eine gewisse Akzentverschiebung findet sich in der – nur von einer Kammer getroffenen – Moto-Meter-Entscheidung. Hier wird weniger die Gemeinwohlkomponente der durch den Hauptaktionär repräsentierten Interessen betont, sondern lediglich – negativ – das „Störpotential" der Minderheitsaktionäre vorgehoben[163].

b) Ansätze in der Literatur

Soweit sich die eigentumsrechtliche Literatur näher mit der Problematik des Ausschlusses von Minderheitsaktionären beschäftigt, folgt sie im Wesentlichen der Rechtsprechung des BVerfG[164], ohne aber auf die Frage einzugehen, was die privaten Interessen der Mehrheitsaktionäre zu gewichtigen Gründen des Gemeinwohls macht[165].

Andererseits wird dem BVerfG entgegengehalten, eine prinzipielle Differenzierung des Geltungsanspruchs der Eigentumsgarantie nach unterschiedlichen Eigentumsgruppen sei dem Grundgesetz fremd. So lasse sich auch der eigentumsgrundrechtliche Schutz des Anteilsrecht nicht mit der Begründung relativieren, dass dem einzelnen Anteilsrechtsinhaber mit seinem Recht kaum ein Freiheitsraum von größerer Bedeutung eingeräumt sei[166]. Beim

---

162 BVerfGE 100, 289 (303 f.).
163 BVerfG ZIP 2000, 1670 (1671).
164 Vgl. Depenheuer, in: von Mangoldt/Klein/Starck, Art. 14 GG Rn. 145 f.
165 Unklar insoweit Depenheuer, in: von Mangoldt/Klein/Starck, Art. 14 GG Rn. 366.
166 Wendt, in: Sachs, Art. 14 GG Rn. 90.

Anteilseigentum und seiner Ausgestaltung müsse vielmehr auf den Gesichtspunkt der Sachgerechtigkeit abgestellt werden. Der Gesichtspunkt der Sachgerechtigkeit liefere die Erklärung dafür, dass der Gesetzgeber allgemein das eigentumsrechtlich fundierte Mitsprache-Kontrollrecht der Anteilsrechtsinhaber einer Aktiengesellschaft insbesondere dann einschränken darf, wenn er das Ziel verfolgt, die Funktionsfähigkeit und Erreichung des Zwecks des Zusammenschlusses zu sichern, zu dem sich die Aktionäre freiwillig verbunden haben[167]. Sorge der Gesetzgeber für einen Ausgleich zwischen dem Eigentümerinteresse an einer umfassenden Kontrolle der Leitungsorgane einerseits und dem – auch gesamtwirtschaftlichen – Interesse an einer funktionsfähigen, auch die längerfristigen Unternehmensinteressen berücksichtigenden Unternehmensführung andererseits, so komme die damit gesicherte Effizienz der Unternehmenstätigkeit vielmehr wesentlich dem Anteilseigentümer selbst zugute[168]. Letzteres gilt aber nur dann, wenn der (Minderheits-)Anteilseigentümer Anteilseigentümer bleibt.

c) Eigener Ansatz im Anschluss an BVerfGE 104, 1 (12)

Richtigerweise wird man davon ausgehen müssen, dass dem privaten Interesse, dem die Durchsetzung gegen ein anderes privates, von der Eigentumsgarantie geschütztes Interesse erlaubt wird, ein wichtiges öffentliches Interesse zur Seite stehen muss[169]. Dem entspricht auch der Ansatz des BVerfG in der Feldmühle-Entscheidung, die das Interesse des Hauptaktionärs (Konzernleitung) durch striktere Bindung an die „Eigentum-Verpflichtet-Klausel" des Art. 14 Abs. 2 GG mit Gemeinwohlelementen aufgeladen hat.

In der letzten Grundsatzentscheidung zum Eigentumsgrundrecht[170] ist das BVerfG ganz genau so vorgegangen. Es hat gefragt, ob die mit der Umlegung verbundene Neuordnung der Grundstücke mit dem Ziel, deren planungsgerechte und zweckmäßige bauliche Nutzung zu ermöglichen, im öffentlichen Interesse liegt. Das war deshalb leicht zu bejahen, weil die gemeindliche Bauleitplanung insbesondere einer dem Wohl der Allgemeinheit entsprechend sozialgerechten Bodennutzung verpflichtet ist. Deshalb besteht an der Verwirklichung der Festsetzung des Bebauungsplans und damit auch am Umsetzungsinstrument der Umlegung ein öffentliches Interesse.

---

167 Wendt, in: Sachs, Art. 14 GG Rn. 108.
168 Wendt, in: Sachs, Art. 14 GG Rn. 118a.
169 Zutreffend Wendt, in: Sachs, Art. 14 GG Rn. 54 und Rn. 83.
170 BVerfGE 104, 1 (12) – Umlegung.

Dieses öffentliche Interesse verfolgt der Gesetzgeber, indem er einem der beiden rivalisierenden privaten Interessen den Vorrang gegenüber dem anderen einräumt.

Es ist nicht die Abwägung und das daraus hervorgehende Abwägungsergebnis, welche das öffentliche Interesse bzw. den (gewichtigen) Grund des Gemeinwohls hervorbringt. Der gewichtige Grund des Gemeinwohls eröffnet vielmehr die Abwägung und erhöht das Gewicht des mit ihm parallel laufenden privaten Interesses, welches sich dann im Rahmen des Grundsatzes der Verhältnismäßigkeit gegenüber dem konkurrierenden privaten Interesse durchsetzen kann.

2. Gewichtige Gründe des Gemeinwohls im Gesetzgebungsverfahren zum Squeeze out

Die Begründung des Gesetzentwurfs hat den vom Gesetzgeber verfolgten und als gewichtig eingestuften Grund des Gemeinwohls nur unzureichend herausgearbeitet. Er liegt nicht in den fünf dort angesprochenen Aspekten (kostspieliger Formalaufwand; Missbrauch von Minderheitsrechten; unbekannte Aktionäre; ausländische Vorbilder; Konsequenz aus der gesetzlichen Anordnung eines Pflichtangebots[171]). Hier thematisiert die Begründung des Gesetzesentwurfs – ähnlich wie die Moto-Meter-Entscheidung[172] – eher Hemmnisse für die Entfaltung und Durchsetzung des gewichtigen Grundes des Gemeinwohls als diesen selbst zu benennen[173]. Der als gewichtig eingestufte Grund des Gemeinwohls taucht in der Begründung des Gesetzentwurfs an anderer Stelle knapp auf, wenn es dort heißt[174]:

„Der Gesetzgeber geht hier davon aus, dass es ein beachtenswertes unternehmerisches Interesse an Konzernierungs- und Strukturmaßnahmen und in diesem Zusammenhang ein Bedürfnis nach Beschränkung von Missbrauchsmöglichkeiten von Minderheitsaktionären bei besonderen Mehrheitsverhältnissen gibt."

Hier soll wohl zum Ausdruck kommen, dass es nicht nur im privaten Interesse des Hauptaktionärs (der Konzernobergesellschaft) liegt, der Durchsetzung ihrer Unternehmerfreiheit (Art. 2 Abs. 1 GG) den Vorrang zu geben, sondern auch in einem – als gewichtig eingestuften – Interesse der Allgemeinheit.

---

171 Vgl. BT-Drs. 14/7034, S. 31 f.
172 BVerfG ZIP 2000, 1670 (1671).
173 Das übersieht Hanau, NZG 2002, 1040 (1044 f.).
174 BT-Drs. 14/7034, S. 32, rechte Spalte Mitte.

§ 4 Squeeze out und Eigentumsgarantie

a) Wertungen von Feldmühle überholt

Diese Wertung des Gesetzgebers lässt sich jedenfalls nicht mehr mit den in der Feldmühle-Entscheidung genannten Gründen aufrechterhalten. Die dort vorgenommene Einschätzung, die Konzernleitung (der Großaktionär) sei stärker dem Gemeinwohl verpflichtet als der Minderheitsaktionär, der mangels umfassenden Überblick mit realen Einflussmöglichkeiten zwangsläufig auf das Eigeninteresse der Rendite und Kurs beschränkt ist, entspricht nicht mehr der Realität. Das BVerfG hat in der Feldmühle-Entscheidung das Bild eines sozialverantwortlichen Großkapitals gezeichnet, das heute in der Realität nur in seltenen Ausnahmefällen anzutreffen ist.

Die Liberalisierung und Internationalisierung der Kapitalmärkte haben in den letzten Jahrzehnten gerade auf Seiten der Konzernleitungen (Hauptaktionäre) das Interesse nahezu ausschließlich auf „Rendite und Kurs" fokussiert, was in der Übernahme des kapitalmarktfreundlicherem Rechnungslegungsvorschriften nach US-GAAP oder in den Optionsprogrammen für das jeweilige Management nur seinen deutlichsten Niederschlag findet[175].

Diese Entwicklung nahm ihren Anfang damit, dass man im Rahmen der Unternehmensleitung bei einem Konflikt zwischen Arbeitnehmer- und Aktionärsinteressen letzteren den Vorrang einräumte[176]. Sie nahm ihren Fortgang mit einer sich immer weiter verfestigenden Fokussierung auf Gewinnmaximierung als oberste Leitlinie unternehmerischen Handelns. Sie fand ihren Abschluss schließlich im Siegeszug des Shareholder-Value-Konzepts und einer darauf basierenden wertorientierten Unternehmensführung[177]. Konsequenterweise wird mittlerweile dem tradierten auf dauerhafter Mitgliedschaft des Aktionärs in „seiner" Gesellschaft basierenden Konzept ein auf jederzeitigen flexiblen Austausch des Investments basierendes Grundmodell der Aktionärsstellung entgegengesetzt[178], während gleichzeitig auch das anlegerorientierte Kapitalmarktrecht zu Lasten des klassischen Gesellschaftsrechts stetig an Bedeutung gewann[179].

---

175 Vgl. Groh, DB 2000, 2153 (2156).
176 So etwa Wiedemann, Gesellschaftsrecht, S. 626 f.
177 Zuletzt etwa Kort, in: Großkommentar zum AktG, § 76 AktG Rn. 52 ff. m.w.N.
178 Mülbert, S. 64 ff.; ders., in: Großkommentar zum AktG, Vor §§ 118 bis 147 AktG Rn. 188.
179 Näher Kübler, SZW/RSDA 1995, 223 (226).

b) Moderne Sichtweise

Der Umstand, dass die Vorstellung der Feldmühle-Entscheidung heute befremdlich wirkt und den Bezug zur Realität verloren hat, muss aber nicht zwangsläufig bedeuten, dass das Ergebnis der Feldmühle-Entscheidung falsch geworden ist.

Anders als zu Zeiten der Feldmühle-Entscheidung, für die noch die Offenheit des Grundgesetzes für verschiedene Wirtschaftssysteme und die Skepsis gegenüber der in Konzernen „verkörperte[n] Zusammenballung wirtschaftlicher Einfluss- und Entscheidungsmöglichkeiten" prägend war, hat sich heute durch die Einbindung Deutschlands in die auf die Marktwirtschaft verpflichtete Europäische Gemeinschaft (Art. 4 Abs. 2 EG), den Zusammenbruch der sozialistischen Staaten als Systemalternative und die Verschärfung des internationalen Wettbewerbs durch die Globalisierung die Auffassung durchgesetzt, gerade die weitgehend unbeschränkte Entfaltung unternehmerischer Handlungsfreiheit wirke sich zugunsten des Gemeinwohls aus. Die Fähigkeit zum Wandel, die Veränderung überkommener uneffizienter Strukturen und das flexible Reagieren auf veränderte Umstände werden viel stärker als in der 60er Jahren des vergangenen Jahrhunderts als Voraussetzungen für die Erwirtschaftung wachsenden Volkseinkommens angesehen.

In der Logik dieser Entwicklung liegt es, der Entfaltung der Initiative der Konzernleitung den Vorrang zu geben, nunmehr nicht wegen einer vermeintlichen stärkeren (sozialen) Verantwortlichkeit gegenüber dem Gemeinwohl, sondern wegen eines mit ihrem freieren Entfalten regelmäßig verbundenen positiven Effekts für das Gemeinwohl.

Eine solche Überlegung trifft sich im Kern auch mit den geschilderten Ansätzen in der Literatur, die die Akzente anders setzen als es das BVerfG bislang getan hat. Die von *Wendt* postulierte Orientierung zum Gesichtspunkt der Sachgerechtigkeit gibt der Unternehmensführung und damit dem Hauptaktionär gegenüber Minderheitsaktionären den Vorrang, weil die damit als gesichert angesehene größere Effizienz der Unternehmenstätigkeit auch allen Anteilseigentümern zugute kommt[180]. Dagegen könnte man nun einwenden, die Effizienzsteigerung nütze dem herausgedrängten Minderheitsaktionär nichts mehr, weil er beim Squeeze out ja gerade nicht Anteilseigentümer bleibt. Das wirkt sich im Ergebnis aber nicht aus, weil an dem Effizienzgewinn auch der ausgeschlossene Minderheitsaktionär zu beteili-

---

180 Wendt, in: Sachs, Art. 14 GG Rn. 118a.

gen ist[181] und aus den schon behandelten Gründen auch von Verfassungs wegen beteiligt sein muss.

Damit ist aber klargestellt, dass der Gesetzgeber beim Squeeze out wie bei ähnlichen, stärker maßnahmebezogenen Regelungen des Aktienrechts wie etwa dem Erwerb eigener Aktien (§ 71 Abs. 1 Nr. 8 AktG), der genehmigten Kapitalerhöhung, insbesondere gegen Sacheinlage unter Ausschluss des Bezugsrechts (§§ 202 ff. AktG) oder der Möglichkeit, den Vorstand zu grundlegenden Strukturentscheidungen zu ermächtigen[182] mit der Steigerung des Wohlstands einen gewichtigen Grund des Gemeinwohls verfolgt, zu dessen Erreichung er zur Entfaltung der unternehmerischen Freiheit der Konzernleitung (Hauptaktionär) Hindernisse aus dem Weg räumt. Ob diese Zwischenziele tragfähig sind, betrifft die nachfolgend behandelte Ebene des Grundsatzes der Verhältnismäßigkeit.

3. Kontrollüberlegung: Wertung des BVerfG

Das hier gefundene Ergebnis wird bestätigt durch die in der Rechtsprechung des BVerfG deutlich gewordenen Wertungen. Die Moto-Meter-Entscheidung geht unausgesprochen davon aus, dass die freie Entfaltung der unternehmerischen Tätigkeit der Konzernleitung der Allgemeinheit Vorteile bringt. Denn nur bei dieser Annahme macht es Sinn, die Beseitigung des „Störpotentials" der Minderheitsaktionäre als grundsätzlich berechtigte Vorgehensweise des Gesetzgebers anzusehen. Wörtlich heißt es in Moto-Meter[183]:

> „Das Anliegen, eine kleine Zahl von Minderheitsaktionären aus der Gesellschaft auszuschließen, hat der Gesetzgeber – etwa in den Bestimmungen zur Eingliederungen – als grundsätzlich berechtigt anerkannt. Dies beruht auf der Einschätzung, dass Minderheitsaktionäre die Durchsetzung unternehmerischer Entscheidungen gegen die Stimmenmehrheit des Hauptaktionärs im Regelfall zwar nicht verhindern können, dass aber schon ihre Existenz für den Großaktionär erheblichen Aufwand, potentielle Schwierigkeiten und unter Umständen die Verzögerung der von ihm als sinnvoll erachteten unternehmerischen Maßnahmen mit sich bringt: Nach dem Aktien- und Umwandlungsgesetz ist eine Vielzahl von Aktionärsrechten, etwa das Recht, eine Anfechtungsklage gemäß §§ 243 ff. AktG zu erheben, nicht an ein Quorum gebunden, sondern

---

181 Vgl. oben S. 30 ff.
182 Dazu Lutter/Leinekugel, ZIP 1998, 805 (811 ff.).
183 BVerfG ZIP 2000, 1670 (1671).

kann auch von Aktionären mit nur einer einzigen Aktie wahrgenommen werden. Umgekehrt sind zahlreiche Maßnahmen, die im Interesse eines Großaktionärs liegen können, erheblich erleichtert, wenn sich alle Aktien in der Hand eines Aktionärs befinden oder jedenfalls mit Gegenstimmen von Minderheitsaktionären nicht zu rechnen ist[184]. Wenn (noch) Minderheitsaktionäre vorhanden sind, müssen zudem nach der sogenannten Holzmüller-Rechtsprechung des Bundesgerichtshofs grundlegende Strukturveränderungen der Gesellschaft durch einen Beschluss der Hauptversammlung gebilligt werden[185]. Das Zustimmungserfordernis eröffnet den Minderheitsaktionären die Möglichkeit, den erforderlichen Beschluss mit der Anfechtungsklage anzugreifen und kann so zu einer manchmal mehrjährigen Verzögerung der gewünschten unternehmerischen Maßnahme führen."

VI. Grundsatz der Verhältnismäßigkeit

Auch wenn die vorstehenden Überlegungen ergeben haben, dass der Gesetzgeber bei der Stärkung des Hauptaktionärs gegenüber dem Minderheitsaktionär unter dem Gesichtspunkt der Steigerung des allgemeinen Wohlstands einen gewichtigen Grund des Gemeinwohls verfolgt, bleibt zu prüfen, ob die konkrete Ausgestaltung in den § 327a–f AktG verhältnismäßig ist.

1. Verfassungsrechtlicher Maßstab

Welche Vorgaben für den Gesetzgeber sich aus dem Grundsatz der Verhältnismäßigkeit ergeben, hat das BVerfG mehrfach klargestellt, etwa in der Cannabis-Entscheidung. Dort heißt es[186]:

„Nach diesem Grundsatz muss ein grundrechtseinschränkendes Gesetz geeignet und erforderlich sein, um den erstrebten Zweck zu erreichen. Ein Gesetz ist geeignet, wenn mit seiner Hilfe der erstrebte Erfolg gefördert werden kann; es ist erforderlich, wenn der Gesetzgeber nicht ein anderes, gleich wirksames, aber das Grundrecht nicht oder weniger stark einschränkendes Mittel hätte wählen können (vgl. BVerfGE 30, 292 [316];

---

184 Vgl. nur im Zusammenhang mit Unternehmensverträgen die Vorschriften § 293a Abs. 3 und § 304 Abs. 1 Satz 3 AktG, die Möglichkeit der Eingliederung nach § 319 Abs. 1 Satz 1 AktG oder die umwandlungsrechtlichen Erleichterungen der Verschmelzung in § 5 Abs. 2, § 8 Abs. 3 Satz 1, § 9 Abs. 3 UmwG.
185 Vgl. dazu Hüffer, 4. Aufl. 1999, § 119 AktG Rz. 16 ff.
186 BVerfGE 90, 145 (172 f.).

63, 88 [115]; 67, 157 [173, 176]). Bei der Beurteilung der Eignung und Erforderlichkeit des gewählten Mittels zur Erreichung der erstrebten Ziele sowie bei der in diesem Zusammenhang vorzunehmenden Einschätzung und Prognose der den einzelnen oder der Allgemeinheit drohenden Gefahren steht dem Gesetzgeber ein Beurteilungsspielraum zu, welcher vom BVerfG je nach der Eigenart des in Rede stehenden Sachbereichs, den Möglichkeiten, sich ein hinreichend sicheres Urteil zu bilden, und der auf dem Spiel stehenden Rechtsgüter nur in begrenztem Umfang überprüft werden kann (vgl. BVerfGE 77, 170 [215]; 88, 203 [262]).

Ferner muss bei einer Gesamtabwägung zwischen der Schwere des Eingriffs und dem Gewicht sowie der Dringlichkeit der ihn rechtfertigenden Gründe die Grenze der Zumutbarkeit für die Adressaten des Verbots gewahrt sein (vgl. BVerfGE 30, 292 [316]; 67, 157 [178]; 81, 70 [92]). Die Maßnahme darf sie mithin nicht übermäßig belasten (Übermaßverbot oder Verhältnismäßigkeit im engeren Sinne; vgl. BVerfGE 48, 396 [402]; 83, 1 [19])."

Der vom BVerfG anerkannte Beurteilungsspielraum des Gesetzgebers greift aber dann nicht, wenn – wie schon dargelegt[187] – der Gesetzgeber von fehlerhaften Annahmen ausgegangen ist und unvollständige Erwägungen angestellt hat. Die Bindung des BVerfG an Wertungen und Erwägungen des Gesetzgebers entfällt dabei aber nur, „wenn sie eindeutig widerlegbar oder offenkundig fehlsam sind oder der Wertordnung des Grundgesetzes insgesamt widersprechen"[188].

2. Eignung

Die Eignung der Regelungen über den Squeeze out zur Erreichung des Ziels (Mehrung des Wohlstands der Allgemeinheit durch freie (freiere) Entfaltung der unternehmerischen Initiative) lässt sich nicht ernsthaft bestreiten. Die Regelungen über den Squeeze out sind schon deshalb geeignet, weil der Hauptaktionär, wenn er von ihnen Gebrauch macht, ihn behindernde Rücksichtnahmen auf Minderheitsaktionäre abstreifen kann. Man wird auch nicht ernsthaft behaupten können, dass die freiere Entfaltung der unternehmerischen Initiative des Hauptaktionärs (der Konzernleitung) von vornherein ungeeignet ist, zur Steigerung des allgemeinen Wohlstands beizutragen. Eine

---
187 S. 17 f.
188 BVerfGE 24, 367 (406).

solche Prognose des Gesetzgebers ist in der Praxis und in der wirtschaftswissenschaftlichen Diskussion weder eindeutig widerlegt noch wird sie offenkundig für falsch gehalten. Im Gegenteil: Die Einführung von Regelungen über den Squeeze out bei Minderheitsaktionären findet breite Zustimmung[189].

Die Eindeutigkeits- bzw. Offenkundigkeitsschwelle kann schließlich schon deshalb nicht genommen werden, weil das BVerfG die Eignung vergleichbarer Maßnahmen nicht in Zweifel gezogen hat[190].

Eine andere Sichtweise könnte sich nur aus dem Umstand ergeben, dass die Prognose des Gesetzgebers vom regelmäßigen Anwendungsfall sich offenkundig als unzutreffend erwiesen hat. In der Begründung des Gesetzentwurfs der Bundesregierung ist die Prognose gestellt worden, die Mehrzahl der künftigen Squeeze out-Fälle werde dadurch gekennzeichnet sein, dass dem Squeeze out ein sogenanntes Pflichtangebot nach § 35 WpÜG vorausgegangen ist[191]. Weil sich aus dem Gesetzgebungsmaterialien nichts anderes ergibt, muss davon ausgegangen werden, dass der Gesetzgeber sich diese Prognose zu eigen gemacht hat.

Die Prognose hat sich als unzutreffend erwiesen. Soweit es bislang überhaupt zu einem Squeeze out nach einem Pflichtangebot gekommen ist, betrifft dies Einzelfälle. Die überwiegende Mehrzahl der knapp 60 bekannt gewordenen Squeeze out-Verfahren betreffen Fälle, in denen ein Pflichtangebot weder gemacht wurde noch hätte gemacht werden müssen. Diese Entwicklung überrascht auch nicht wirklich, weil der Gesetzgeber den Anwendungsbereich des Squeeze out so weit gefasst hat, dass nicht ernsthaft angenommen werden konnte, die Mehrzahl der Squeeze out-Fälle zeichne sich durch ein vorangegangenes Pflichtangebot aus.

Dieser – offenkundige – Prognosefehler bleibt aber verfassungsrechtlich ohne Konsequenzen. Aus der Begründung zum Gesetzentwurf der Bundesregierung geht deutlich hervor, dass der Gesetzgeber die Fälle, in denen dem Squeeze out kein Pflichtangebot vorausgegangen ist, nur aus Gründen leichterer Praktikabilität oder der Typisierung einbezogen hat. Wörtlich heißt es in der Begründung des Regierungsentwurfs[192]:

---
189 Vgl. nur Hasselbach, in: Kölner Kommentar zum WpÜG, § 327a AktG Rn. 2; Grunewald, in: Münchener Kommentar zum AktG, § 327a AktG Rn. 2ff.; Krieger, BB 2002, 53 (55); Pötzsch/Möller, WM-Sonderbeilage Nr. 2/2000, S. 29; Fleischer, ZGR 2002, 757 (760ff.); Vetter, AG 2002, 176 (184).
190 Vgl. etwa BVerfG ZIP 2000, 1670 (1671) – MotoMeter.
191 Vgl. BT-Drs. 14/7034, S. 32.
192 BT-Drs. 14/7034, S. 32.

„Die vorherige Abgabe eines Angebots nach dem Wertpapiererwerbs-Übernahmegesetz soll allerdings nicht zur Voraussetzung des Squeezeout gemacht werden, auch wenn in der Mehrzahl der Fälle ein solches Angebot vorangehen wird. Ebenso wenig soll eine Beschränkung auf börsennotierte Gesellschaften erfolgen, weil auch außerhalb dieses Bereichs ein Regelungsbedarf gesehen wird."

Die Frage der Reichweite des Anwendungsbereichs des Squeeze out war dem Gesetzgeber auch bewusst. Das ergibt sich aus der Anhörung im Finanzausschuss, in der von mehreren Sachverständigen erwogen wurde, den Squeeze out auf börsennotierte Gesellschaften zu beschränken[193].

3. Erforderlichkeit

Für die Prüfung der Erforderlichkeit liegt es nahe, nach den vom Gesetzgeber selbst gebildeten Fallgruppen[194] zu differenzieren.

a) Squeeze out nach Pflichtangebot

Am deutlichsten liegen die Dinge bei einem Squeeze out, der auf ein Pflichtangebot folgt. Hier ist ein ebenso wirksames, für den Minderheitsaktionär aber milderes Mittel nicht ersichtlich[195].

b) Squeeze out zur Verminderung von Kosten

Weitere Fallgruppen lassen sich aus den Erwägungen des Gesetzgebers dahingehend umschreiben, dass hier börsennotierte Gesellschaften den durch die Beteiligung von Minderheitsaktionären entstehenden „erheblichen – kostspieligen – Formalaufwand"[196] loswerden bzw. verhindern wollen, dass Kleinstbeteiligungen „missbraucht" werden, um den Mehrheitsaktionär bei der Unternehmensführung zu behindern und ihn zu finanziellen Zugeständnissen zu veranlassen[197].

Bei Squeeze out-Beschlüssen, die zur Vermeidung der mit der Beteiligung von Minderheitsaktionären verbundenen Kosten begründet werden, kann ein Alternativmittel allenfalls darin gesehen werden, die mit dem Minderheiten-

---

193 Öffentliche Anhörung des Finanzausschusses des Deutschen Bundestages am 18. Oktober 2001, Protokoll Nr. 111, S. 258 (Prof. Gerke) und S. 264 f. (Prof. Lutter).
194 BT-Drs. 14/7034, S. 31 f.
195 So selbst Hanau, NZG 2003, 1040 (1046).
196 BT-Drs. 14/7034, S. 31.
197 BT-Drs. 14/7034, S. 31 f. unter Hinweis auf die Möglichkeit der Anfechtung von Hauptversammlungsbeschlüssen.

schutz verbundenen Kosten generell, also für alle börsennotierten Aktiengesellschaften durch Abbau der Minderheitsrechte zu verringern oder ganz zu vermeiden. Es liegt auf der Hand, dass diese Alternative je nach Ausgestaltung zwar ähnlich effektiv werden kann, wie die Möglichkeit des Squeeze out, sie aber für die betroffenen Minderheitsaktionäre kein milderes Mittel darstellt. Denn die Minderheitsaktionäre verlören dann auch ihre Kontrollrechte und wären deshalb der Gefahr ausgesetzt, dass ihnen der Vermögenswert ihrer Beteiligung entzogen wird, ohne dass ihnen wie beim Squeeze out ein Anspruch auf eine volle Entschädigung zustünde.

c) **Squeeze out zur Vermeidung des „Missbrauchs" von Minderheitsaktionären**

Im Ergebnis gilt dasselbe für Squeeze out-Fälle, die mit der Vermeidung eines „Missbrauchs" von Minderheitsrechten begründet werden. Hier scheint es nur auf den ersten Blick, als ob der Gesetzgeber anstellen einen kranken Ast abzusägen, den gesamten Baum gefällt hat[198].

Denkbar wäre, nur den Ausschluss der Minderheitsaktionäre zu ermöglichen, die sich konkret missbräuchlich verhalten oder verhalten haben und/oder die als besonders störend empfundene Anfechtungsmöglichkeit von Minderheitsaktionären zu erschweren[199]. Letzteres klingt auch in der Rechtsprechung des BVerfGs an, wenn es etwa in der Moto-Meter-Entscheidung heißt, eine Vielzahl von Aktionärsrechten, etwa das Recht, eine Anfechtungsklage gemäß §§ 243 ff. AktG zu erheben, sei nicht an ein Quorum gebunden, sondern könne auch von Aktionären mit nur einer einzigen Aktie wahrgenommen werden. Die Anführung eines solchen Quorums für die Anfechtungsklage mag aus Sicht der Minderheitsaktionäre ein milderes Mittel sein.

Der Gesetzgeber muss sich gleichwohl auf diese Vorgehensweise nicht unter dem Gesichtspunkt der Erforderlichkeit verweisen lassen, weil diese Maßnahme nicht gleich wirksam ist. Der Squeeze out schließt den Gebrauch der Minderheitsrechte vollständig aus und damit naturgemäß auch den Missbrauch dieser Rechte (was immer man darunter verstehen mag). Jede Regelung, die die Ausübung der Minderheitsaktionäre nicht gänzlich beseitigt, sondern nur an ein Quorum bindet, stellt weniger gut als ein Squeeze out sicher, dass der Hauptaktionär künftig das von *Lutter* so bezeichnete

---

198 Vgl. Hanau, NZG 2003, 1040 (1044).
199 Für Letzteres Hanau, NZG 2003, 1040 (1045).

„ungestörte Regiment" ausüben kann[200]. Dasselbe gilt für eine Beschränkung der Ausschlussmöglichkeit auf Minderheitsaktionäre, die konkret ihre Minderheitsrechte missbraucht haben. Bei einer solchen Regelung kann ein Großaktionär nie sicher sein, dass nicht bislang unauffällige Minderheitsaktionäre ein missbräuchliches Verhalten an den Tag legen.

Schließlich greift auch im Bereich der Erforderlichkeit wieder der Beurteilungsspielraum des Gesetzgebers. Die vom Gesetzgeber angestellte Prognose, dass andere Mittel zur Zweckerreichung nicht ebenso effektiv sind, lässt sich schon deshalb nicht als offenkundig fehlsam bezeichnen, weil das BVerfG in der Moto-Meter-Entscheidung die Thematik mit dem Hinweis auf die Bindung der Anfechtungsklage an ein Quorum gestreift hat, ohne daraus den Schluss fehlender Erforderlichkeit zu ziehen[201].

4. Zumutbarkeit

Auf der dritten Stufe der Verhältnismäßigkeitsprüfung findet die Gesamtabwägung zwischen der Schwere des Eingriffs und dem Gewicht sowie der Dringlichkeit der ihn rechtfertigenden Gründe statt; dabei muss die Grenze der Zumutbarkeit für den in der Ausübung seines Grundrechts Beschränkten gewahrt bleiben.

a)   Börsennotierte Aktiengesellschaften

Wir betrachten zunächst die Situation beim Squeeze out aus börsennotierten Aktiengesellschaften, der in der Praxis der bisherigen Anwendung der §§ 327a–f AktG dominiert.

Ausgangspunkt ist die Frage, wie schwer der Eingriff für den Minderheitsaktionär wiegt. Hier liegt die entscheidende Weichenstellung darin, welches Gewicht man den beiden Elementen des Anteilseigentums zumisst, also dem mitgliedschaftlichen Herrschaftsrecht einerseits und der Vermögenskomponente der Beteiligung andererseits. Dabei wird man nicht an dem Umstand vorbeikommen, dass die noch in den 70er Jahren des vorigen Jahrhunderts vorhandene Betonung der mitgliedschaftlichen Herrschaftsrechte des Einzelaktionärs („Aktionärsdemokratie") sowohl im Bereich der Wirtschaftswissenschaften wie der rechtswissenschaftlichen Diskussionen nicht mehr

---

200 Vgl. Öffentliche Anhörung des Finanzausschusses des Deutschen Bundestages am 18. Oktober 2001, Protokoll Nr. 111, S. 264.
201 BVerfG ZIP 2000, 1670 (1671).

im Trend der Zeit liegt; stattdessen wird die vermögensrechtliche Seite immer mehr in den Vordergrund gestellt[202].

Diese gewandelte Sichtweise lässt sich auch nicht als sachwidrig bezeichnen, weil sie sich mit der Grundposition deckt, die das BVerfG in ständiger Rechtsprechung von Feldmühle bis Moto-Meter eingenommen hat[203].

Eine nennenswerte Schwere könnte dem Eingriff in das Anteilseigentum des Minderheitsaktionärs deshalb nur dann zukommen, wenn ihm Nachteile auf der Vermögensseite drohen. Diese sind aber nach den vom BVerfG richtigerweise aufgestellten Vorbedingungen 1 und 2[204] ausgeschlossen. Der Eingriff liegt für den Minderheitsaktionär hier nur darin, dass der eigentumsrechtlich vorrangige Schutz des Bestands der konkreten Eigentumsposition in den vom Squeeze out erfassten Fällen durch einen Schutz des bloßen Vermögenswerts die Eigentumspositon ersetzt[205]. Die damit verbundene Belastung kann der Gesetzgeber als vergleichsweise gering einstufen, weil der Minderheitsaktionär jedenfalls in Zeiten eines funktionierenden Kapitalmarktes in der Lage ist, sein im bisherigen Anteilseigentum gebundenes Kapital nach freiem Belieben in einem Unternehmen gleicher oder ähnlicher Ausrichtung zu investieren[206].

Vor diesem Hintergrund wird deutlich, dass der mit der Regelung verfolgte Zweck kein besonders hohes Gewicht oder eine besondere Dringlichkeit aufweisen muss, um den vergleichsweise geringen Eingriff in das Eigentumsrecht des Minderheitsaktionärs zu rechtfertigen. Wohl auch aus diesem Grunde hat sich das BVerfG in den bisher entschiedenen, thematisch benachbarten Fällen zur Wahrung der Zumutbarkeitsschwelle nicht näher geäußert, sondern konkludent zum Ausdruck gebracht, diese sei – selbstverständlich – gewahrt[207].

Zur Wahrung der Zumutbarkeit trägt bei der Ausgestaltung des Squeeze out auch bei, dass es neben der Überprüfung der vollen wirtschaftlichen Ent-

---

202 Mülbert, Aktiengesellschaft, Unternehmensgruppe und Kapitalmarkt, passim; Martens, ZIP 1992, 1677 (1690): der Publikumsaktionär sei ohnehin ohne messbaren Einfluss; Wolf, ZIP 2002, 153 (156); Roth, NZG 2003, 998 (1000); dagegen aber wohl Rottnauer, EWiR 2003, 739 (740).
203 Vgl. BVerfGE 14, 263 (283); BVerfG ZIP 2000, 1670 (1671 f.); vgl. auch BVerfG 100, 289 (305); kritisch dazu Hanau, NZG 2003, 1040 (1047).
204 Vgl. dazu oben S. 20 ff. und S. 27 ff.
205 In der Analyse zutreffend Hanau, NZG 2003, 1040 (1042).
206 Vgl. BVerfGE 100, 289 (305); BVerfG ZIP 2000, 1670 (1672).
207 Vgl. BVerfGE 14, 263 (281 ff.); BVerfGE 100, 289 (302 f.); BVerfG ZIP 2000, 1670 (1672).

schädigung auch hinreichende Rechtsbehelfe gegen eine missbräuchliche oder sonst rechtswidrige Anwendung der §§ 327a–f AktG in der Form der Anfechtungsklage (§§ 327f i. V. m. 243 AktG) gibt. Aus diesem Grund können auch auftretende – vereinzelte – Missbrauchsfälle nicht zu einer Bewertung dahingehend führen, dass die gesetzgeberische Zulassung und Ausgestaltung des Squeeze out die Zumutbarkeitsgrenze überschreitet.

Missbrauchsfälle sind zunächst eine Frage des einfachen Rechts. Die Auslegung und Anwendung der §§ 327a–f AktG als – grundsätzlich – verfassungsrechtlich zulässiger Inhalts- und Schrankenbestimmung des Eigentums ist Sache der Zivilgerichte. Diese müssen dabei aber dem durch die zivilrechtlichen Normen ausgestalteten oder eingeschränkten Eigentumsgrundrecht Rechnung tragen, damit dessen wertsetzende Bedeutung auch auf der Rechtsanwendungsebene gewahrt bleibt[208]. Wo dies von den Fachgerichten versäumt wird, wie im Fall DAT/Altana, führt dies zur Verfassungswidrigkeit und zur Aufhebung der konkreten Gerichtsentscheidung, nicht zur Verfassungswidrigkeit des Gesetzes[209].

Die Verfassungsmäßigkeit der gesetzlichen Regelung über den Squeeze out wären nur dann in Frage gestellt, wenn die Fachgerichte aus strukturellen, nicht im Wege der (auch verfassungskonformen) Auslegung überwindbaren Gründen einen effektiven Rechtsschutz gegen rechtswidrige oder missbräuchliche Squeeze out-Beschlüsse leisten könnten. Dies ist aber aus den schon dargestellten Gründen nicht der Fall[210].

b)   Nicht börsennotierte Aktiengesellschaften

Anders könnte sich die Zumutbarkeitsfrage bei den Aktiengesellschaften und KGaAs darstellen, die nicht börsennotiert sind. In dieser Gruppe sind drei Untergruppen zu unterscheiden. Einmal (umsatzmäßig) große Aktiengesellschaften, die aus historischen Gründen nicht oder noch nicht börsennotiert sind wie etwa eine Vielzahl kommunaler Energieversorger. Die zweite Gruppe bilden die hier sogenannten „privaten Gesellschaften", also Aktiengesellschaften, die entweder erst in den vergangenen Jahren z.B. durch Umwandlung einer mittelständischen GmbH in eine Aktiengesellschaft entstanden sind oder bei denen es sich – wie typischerweise bei „New-Economy-Unternehmen" – um eine Neugründung durch einen Alleinaktionär handelt, der seine Vorstandsmitglieder oder Arbeitnehmer mit

---

208 Vgl. BVerfGE 100, 289 (304).
209 Vgl. BVerfGE 100, 289 (304 einerseits, 311 ff. andererseits).
210 Siehe oben S. 24 f.

wenigen Prozenten beteiligt hat[211]. Die dritte Gruppe machen diejenigen nicht börsennotierten Aktiengesellschaften und KGaA aus, die als abhängiges Unternehmen in einem Konzern eingebunden sind.

aa) Große nicht börsennotierte Aktiengesellschaften

Bei der ersten Untergruppe (große nicht börsennotierte Aktiengesellschaften) ist die Situation unter Zumutbarkeitsgesichtspunkten mit der bei börsennotierten Aktiengesellschaften voll vergleichbar. Hier kann zwar die Konstellation des Squeeze out im Anschluss an ein Pflichtangebot nicht greifen, weil § 1 WpÜG den Anwendungsbereich des Wertpapiererwerbs- und Übernahmegesetzes auf an einem organisierten Markt zugelassene Zielgesellschaften beschränkt, dies ist aber auch nicht der – allein – tragende Grund für die Zulassung des Squeeze out durch den Gesetzgeber. Gesichtspunkte der Kostenersparnis und der Bekämpfung des Missbrauchs sind in gleicher Weise gegeben und haben – volkswirtschaftlich betrachtet – dasselbe Gewicht. Die Schwere des Eingriffs für die Minderheitsaktionäre dieser Gesellschaften unterscheidet sich nicht erheblich von derjenigen bei Minderheitsaktionären von börsennotierten Aktiengesellschaften. Zwar sind die Anteile an solchen Unternehmen mangels Börsenkurs nicht in vergleichbarer Weise verkehrsfähig, aber auch hier steht das finanzielle Interesse (Dividende) typischerweise gegenüber der Ausübung von Herrschaftsrechten im Vordergrund.

bb) In Konzerne eingebundene nicht börsennotierte Aktiengesellschaften

Dasselbe gilt für die dritte Untergruppe. Das hat auch *Lutter* eingeräumt. Er hat in der öffentlichen Anhörung vor dem Finanzausschuss des Bundestages in seiner schriftlichen Stellungnahme darauf abgestellt, bei der Einbindung eines solchen abhängigen Unternehmens in einen Konzern verlange das Gesetz zum Schutz der Minderheit die Einhaltung vielfältiger Regeln, dies stehe aber in keinem rechten Verhältnis mehr, wenn die Minderheit noch maximal 5% erfasst, was den Ausschluss als – auch internationalen Vorbildern folgend – vertretbar erscheinen lässt[212]. Diese Auffassung halten wir für richtig. Die Einbeziehung von nicht börsennotierten, aber als abhängiges

---

211 Vgl. die Umschreibung und Begriffsbildung bei Lutter, Öffentliche Anhörung des Finanzausschusses des Deutschen Bundestages am 18. Oktober 2001, Protokoll Nr. 111, S. 265.
212 Öffentliche Anhörung des Finanzausschusses des Deutschen Bundestages am 18. Oktober 2001, Protokoll Nr. 111, S. 265.

§ 4 Squeeze out und Eigentumsgarantie

Unternehmen in einen Konzern eingebundenen Aktiengesellschaft in den Anwendungsbereich des Squeeze out lässt sich nur rechtspolitisch kritisieren, nicht aber verfassungsrechtlich beanstanden. Dafür spricht auch, dass das BVerfG in der Moto-Meter-Entscheidung diese Konstellation unter Verweis auf die Holzmüller-Rechtsprechung des Bundesgerichtshofs in einer Weise angesprochen hat, die den Schluss rechtfertigt, dass das BVerfG hier die Zumutbarkeitsschwelle für gewahrt hält[213]. Auch für solche Konzernunternehmen greift die vom BVerfG in der Moto-Meter-Entscheidung hervorgehobene Überlegung, dass die den Minderheitsaktionären ansonsten offen stehende Möglichkeit der Anfechtungsklage zu manchmal mehrjährigen Verzögerungen der gewünschten unternehmerischen Maßnahmen führen kann[214].

cc) Private Gesellschaften

Am stärksten stellt sich die Frage nach der Zumutbarkeitsschwelle bei der zweiten Untergruppe, also bei den von uns in Anlehnung an *Lutter* so genannten „privaten Gesellschaften".

Lutter hält ihre Einbeziehung in Regelungen über den Squeeze out für verfassungswidrig. In diesem Fall sei die Möglichkeit des „Rausschmisses" nicht vertretbar. *Lutter* stellt darauf ab, dass der zwangsweise Verlust der Mitgliedschaft als Eingriff in eine verfassungsrechtlich geschützte mitgliedschaftliche Eigentumsposition zu qualifizieren ist, für die es sachliche und überzeugende Gründe geben muss. Diese fehlten aber bei privaten Aktiengesellschaften ganz und gar. Außerdem wären, wollte man auch die privaten Aktiengesellschaften in die Regelung einbeziehen, Umgehungsmöglichkeiten Tür und Tor geöffnet. So können sich normale GmbHs nach einem jederzeit möglichen Umwandlungsbeschluss in eine Aktiengesellschaft von ihren Minderheitsgesellschaftern befreien, was man nicht ernsthaft wollen könne[215].

An diesen Überlegungen ist richtig, dass in dieser Konstellation die Missbrauchsmöglichkeiten und damit die Missbrauchswahrscheinlichkeit am größten ist. Dies führt zunächst einmal dazu, dass hier die fachgerichtliche Kontrolle von Squeeze out-Beschlüssen, wenn sie mit der Anfechtungsklage angegriffen werden, besonders intensiv ausfallen muss. Richtig ist auch die Überlegung von *Lutter*, dass der zwangsweise Verlust der Mitgliedschaft ein

---

213 BVerfG ZIP 2000, 1670 (1671).
214 BVerfG ZIP 2000, 1670 (1671).
215 Öffentliche Anhörung des Finanzausschusses des Deutschen Bundestages am 18. Oktober 2001, Protokoll Nr. 111, S. 265.

Eingriff in die verfassungsrechtlich geschützte Eigentumsposition darstellt. Das trägt aber für die Beurteilung der Zumutbarkeitsfrage bei privaten Gesellschaften schon deshalb nichts bei, weil dasselbe für alle von der Regelung über den Squeeze out gegenständlich erfassten Unternehmen, seien sie börsennotiert oder auch nicht, in gleicher Weise gilt. Deshalb kann dieser Gesichtspunkt nicht geeignet sein, bei einer Fallgruppe – den privaten Gesellschaften – ein anderes Ergebnis bei der Beurteilung der Zumutbarkeit zu begründen. Ausschlaggebend für die Beantwortung der Zumutbarkeit ist deshalb die Frage, ob sich an der auf S. 72 ff. dargestellten „normalen" Abwägung so viel verändert, dass die Zumutbarkeitsschwelle überschritten wird.

Dagegen sprechen folgende Überlegungen: Die Schwere des Eingriffs für die Minderheitsaktionäre von hier so genannten privaten Gesellschaften kann größer sein als für die Minderheitsaktionäre von börsennotierten Gesellschaften. Nennenswert höher ist der Eingriff schon deshalb nicht, weil eine wirksame herrschaftsrechtliche Komponente mit der geringen (maximal knapp unter 5% liegenden) Beteiligung auch in diesen Fällen nicht verbunden ist. Das gilt gerade auch bei Aktiengesellschaften, die durch Umwandlung einer mittelständischen GmbH entstanden sind und über eine überschaubare Anzahl von Aktionären verfügen. In diesen Gesellschaften kann es zum Squeeze out überhaupt nur dann kommen, wenn sich die Aktionärsstruktur zuvor so verändert hat, dass ein Hauptaktionär mit über 95% Anteilen entstanden ist, dem dann nur noch ein oder jedenfalls wenige kleine Aktionäre gegenüber stehen. Das Gewicht der Gesichtspunkte, die für die Einbeziehung dieser privaten Gesellschaften in die Regelungen über den Squeeze out sprechen, ist nicht erheblich geringer als bei den anderen vom Squeeze out erfassten Formen von Aktiengesellschaften. Auch hier geht es um die Vermeidung von Kosten für einen – vertretbarerweise – als unnötig angesehenen Formalaufwand infolge des Vorhandenseins von Minderheitsaktionären und um die Beseitigung des von den mit der Anfechtungsklage ausgestatteten Minderheitsaktionären ausgehenden Risikos, gewünschte unternehmerische Maßnahmen einer manchmal mehrjährigen Verzögerung zuführen zu können[216].

Wir halten es auch nicht für richtig, dass bei der Einbeziehung von privaten Gesellschaften in die Regelungen über den Squeeze out die erforderlichen sachlichen und überzeugenden Gründe ganz und gar fehlen. Die sachlichen Gründe liegen in der oben behandelten, nach der Rechtsprechung des BVerfG gut vertretbaren Einschätzung des Gesetzgebers, dass die Eröffnung unternehmerischer Handlungsfreiheit des Hauptaktionärs zu einer Steige-

---

216 Vgl. dazu BVerfG ZIP 2000, 1670 (1671).

rung des allgemeinen Wohlstands führt und deshalb im allgemeinen Interesse liegt[217]. Die Behinderung des Hauptaktionärs bzw. des ihm nahestehenden Managements durch Minderheiten ist bei börsen- wie bei nicht börsennotierten Gesellschaften die gleiche[218].

Warum dies bei Aktiengesellschaften mit wenigen „privaten" Aktionären nicht gelten soll, vermögen wir nicht zu erkennen. Denn solche privaten Gesellschaften sind dem Squeeze out nur dann unterworfen, wenn sie eine Aktionärsstruktur haben, die einen Hauptaktionär mit einem Anteil von über 95 % aufweist.

dd) Verweis auf GmbH und KG nicht tragfähig

Eine übermäßige Belastung der Minderheitsaktionäre solcher privaten Gesellschaften kann nach unserem Verständnis deshalb allein aus einem Vergleich mit entsprechend strukturierten Unternehmen abgeleitet werden, die als GmbH oder KG organisiert sind. Diese von uns hier als private GmbH und private KG bezeichneten Unternehmen sind nicht in den Anwendungsbereich des Squeeze out einbezogen. Bei ihnen ist ein Ausschluss von Gesellschaftern nicht ab einer bestimmten Dominanz des Hauptgesellschafters voraussetzungslos, sondern immer nur bei Vorliegen eines wichtigen Grundes zulässig[219].

Das könnte den Boden bieten für eine aus Art. 3 Abs. 1 GG abgeleitete Argumentation, wie sie das BVerfG im Bereich der Zumutbarkeit gelegentlich anstellt. Die Einbeziehung von privaten Aktiengesellschaften in die Regelungen über den Squeeze out könnte danach gleichheitswidrig und im Rahmen von Art. 14 Abs. 1 GG unzumutbar sein, weil und wenn die Einbeziehung von privaten GmbHs und privaten Personengesellschaften ebenfalls verfassungswidrig wäre. Eine solche Argumentation basiert auf der Prämisse, dass die bisherige Rechtsprechung, wonach bei GmbHs und bei Personengesellschaften Gesellschafter nur aus wichtigem Grund ausgeschlossen werden können[220] nicht auf einer freien Entscheidung des Gesetzgebers beruht, sondern ihrerseits verfassungsgeboten ist. Diese Prämisse halten wir für falsch.

Die Gesellschafter einer GmbH oder einer Personengesellschaft können in der Satzung oder im Gesellschaftsvertrag die Ausschlussgründe näher präzi-

---

217 Dies verkennt Hanau, NZG 2003, 1040 (1044 ff.).
218 Grunewald, in: Münchener Kommentar zum AktG, vor § 327a AktG Rn. 5.
219 Habersack, in: Emmerich/Habersack, § 327a AktG Rn. 5; Fleischer, ZGR 2002, 757 (770 f.); Goette, Die GmbH, § 6 Rn. 18.
220 BGHZ 9, 157 (159); 16, 317 (322); 80, 346 (350); 112, 103 (107 f.).

sieren und die Ausschließung dadurch erheblich erleichtern, wenn auch nicht in das freie Belieben eines einzelnen Gesellschafters stellen[221]. Sie können dadurch auch solche Umstände als wichtigen Grund definieren, die ohne entsprechende satzungsmäßige Regelung einen Ausschluss nicht rechtfertigen würden. Dabei wäre es auch zulässig, speziell den Erwerb einer 95%igen Beteiligung durch einen Gesellschafter in Satzung oder Gesellschaftsvertrag als wichtigen Ausschlussgrund zu bestimmen. Hierin läge keine unzulässige Hinauskündigungsklausel. Wenn die Gesellschafter aber die Möglichkeit haben, einen Squeeze out auf diese Weise auch in GmbH oder Personengesellschaft privatautonom vorzusehen, kann es dem Gesetzgeber von Verfassungs wegen nicht verwehrt sein, die Squeeze out-Möglichkeit über Aktiengesellschaften hinaus auch auf andere Gesellschaften zu erstrecken.

Hinzu kommt, das die traditionelle Trennung der Gesellschaften nach Rechtsformen in der Rechtswirklichkeit immer mehr an Bedeutung verliert. Die wirkliche Trennlinie verläuft heute nicht mehr zwischen Aktiengesellschaft und GmbH, sondern zwischen kapitalmarktorientierten und kapitalmarktfernen Gesellschaften[222]. Die Überlegungen, die den Gesetzgeber bewogen haben, den Anwendungsbereich der §§ 327a ff. AktG auch auf nicht börsennotierte Aktiengesellschaften zu erstrecken, sind daher auf die GmbH und auf Personengesellschaften übertragbar, zumal die Gesellschafter nicht nur bei nicht börsennotierten Aktiengesellschaften, sondern bei sämtlichen personalistischen Gesellschaften die Möglichkeit haben, die Squeeze out-Möglichkeit durch Satzung oder Individualabrede abzubedingen. Konsequenterweise hat etwa das Forum Europaeum Konzernrecht eine Ausschlussmöglichkeit nicht nur für die Aktiengesellschaft, sondern für sämtliche Kapitalgesellschaften gefordert, um Verzerrungen zwischen den verschiedenen Rechtsformen zu vermeiden[223]. Eine Erstreckung des Squeeze out auf andere Rechtsformen wäre daher möglich, wenn auch nicht geboten.

Schon deshalb durfte der Gesetzgeber bei der Einführung des Squeeze out den Kreis der ihm unterworfenen Unternehmen grundsätzlich nach leicht zu handhabenden formalen Kriterien (Rechtsform) abgrenzen und war nicht gezwungen, private Aktiengesellschaften mit privaten GmbHs und privaten KGs gleich zu behandeln.

---

221 Sosnitza, in: Michalski, Anh. § 34 GmbHG Rn. 41; Hueck/Fastrich, in: Baumbach/Hueck, Anh. § 34 GmbHG Rn. 14; Winter, in: Scholz, § 15 GmbHG Rn. 152.
222 Fleischer, ZGR 2002, 757 (771).
223 ZGR 1998, 672 (738).

5. Ergebnis zur Verhältnismäßigkeit

Die Zulassung des Squeeze out und die von der Regelung erfassten Unternehmensformen stehen mit dem Grundsatz der Verhältnismäßigkeit in Einklang.

VII. Ergebnis zur Eigentumsgarantie

Nimmt man die erforderliche, im einzelnen dargestellte verfassungskonforme Auslegung der §§ 327a–f AktG vor, so sind die aktienrechtlichen Regelungen über den Ausschluss von Minderheitsaktionären mit Art. 14 GG vereinbar.

§ 5 Zusammenfassung

1. Die Regelungen über den Squeeze out müssen sich an Art. 14 Abs. 1 GG (Eigentumsgarantie) messen lassen. Die Maßstäbe für Enteignungen i.S.v. Art. 14 Abs. 2 GG kommen nicht zur Anwendung, weil die Regelungen über den Squeeze out Eigentumsinhaltsbestimmungen sind. Die §§ 327a–f AktG müssen sich an folgendem verfassungsrechtlichen Prüfungsmaßstab messen lassen:

   – Erstens muss der Gesetzgeber wirksame Rechtsbehelfe gegen einen Missbrauch wirtschaftlicher Macht (des Hauptaktionärs) vorsehen.
   – Zweitens muss er sicher stellen, dass der Hauptaktionär dem Minderheitsaktionär den Verlust seiner Rechtsposition voll entschädigt, der ausscheidende Aktionär also alles erhält, was eine gesellschaftliche Beteiligung an dem arbeitenden Unternehmen wert ist.
   – Drittens muss der Gesetzgeber hinreichend wichtige Gründe des Gemeinwohls verfolgen.
   – Viertens muss er dabei den Grundsatz der Verhältnismäßigkeit in seinen drei Ausprägungen wahren und
   – fünftens die Vorgaben für das Abwägungsverfahren einhalten, insbesondere für die Sachverhaltsermittlungen die Anforderungen an Prognosen.

2. Diesen verfassungsrechtlichen Anforderungen genügen die Regelungen der §§ 327a–f AktG über den Squeeze out im Grundsatz.

3. Die erste verfassungsrechtliche Vorbedingung (wirksame Rechtsbehelfe gegen einen Missbrauch wirtschaftlicher Macht) ist nach entsprechender verfassungskonformer Auslegung gewahrt. Der Gesetzgeber hat durch die Eröffnung der Anfechtungsklage gegen den Hauptversammlungsbeschluss zum Squeeze out nach Maßgabe des § 327f Satz 1 AktG einen verfassungsrechtlich noch ausreichend wirksamen Rechtsbehelf gegen einen Missbrauch wirtschaftlicher Macht bereitgestellt, wenn jedenfalls eine notwendige verfassungskonforme Auslegung vorgenommen wird.

   Dies betrifft die Informationsdefizite der Minderheitsaktionäre bei der Darlegung und dem Nachweis von Rechtsmissbrauch. Von Verfassungs wegen ist geboten, dass die Minderheitsaktionäre in Fällen, in denen tatsächlich ein Rechtsmissbrauch vorliegt, nicht nur eine theoretische, sondern auch eine praktisch durchsetzbare Möglichkeit haben, dies zu erkennen. Deshalb stellt – zumindest im Wege verfassungskonformer Aus-

§ 5 Zusammenfassung

legung – etwa ein enger zeitlicher Zusammenhang zwischen Kapitalmaßnahme (bzw. Formwechsel oder Schaffung eines Hauptaktionärs) und Squeeze out ein Indiz für einen Rechtsmissbrauch dar, der zu einer Beweislastumkehr führt.

Verfassungsgeboten ist auch bei zweiaktigen Vorgängen, also etwa der Kombination eines Formwechsels oder einer Kapitalerhöhung unter Bezugsrechtsausschluss mit anschließendem Squeeze out wegen einer unerkannt gebliebenen Anfechtbarkeit der vorangegangenen Strukturentscheidung die Anfechtung des Squeeze out-Beschlusses zu ermöglichen. Dass eine entsprechende verfassungskonforme Auslegung möglich ist, belegt schon der Umstand, dass eine entsprechende Auslegung auf der Basis des einfachen Rechts von zahlreichen Autoren mit überzeugenden Gründen vorgenommen wird.

4. Die zweite verfassungsrechtliche Vorbedingung (volle Entschädigung für den Verlust der Rechtsposition) wird von den §§ 327a–f AktG (nur) noch gewahrt, wenn diese in mehreren Punkten verfassungskonform ausgelegt werden. Die erforderliche verfassungskonforme Auslegung ist in allen Fällen möglich, weil Wortlaut und der vom Gesetzgeber verfolgte Zweck ihr nicht entgegen stehen.

a) Der Grundansatz des Gesetzes genügt den verfassungsrechtlichen Vorgaben, weil § 327a Abs. 1 Satz 1 AktG den Hauptaktionär zur Gewährung einer „angemessenen Barabfindung" verpflichtet, worunter nach der Gesetzesbegründung eine Abfindung zu verstehen ist, bei deren Bemessung wertmäßig sowohl mitgliedschaftliche Herrschaftsrechte als auch Vermögensrechte des Minderheitsaktionärs zu berücksichtigen sind.

b) Einzelne Defizite im Abfindungsverfahren, wie sie bei teilweise vertretener Auslegung der gesetzlichen Regelungen über den Squeeze out entstünden, lassen sich durch verfassungskonforme Auslegung vermeiden.

c) Dies betrifft zunächst die Ermittlung der angemessenen Abfindung. Von Verfassungs wegen muss die Schutzkonzeption schon vor der Entscheidung der Gesellschafter über den Ausschluss von Minderheitsaktionären ansetzen. Sie muss durch eine unabhängige Ermittlung oder Kontrolle des Abfindungsangebots auf Angemessenheit sicher stellen, dass jedenfalls im Regelfall die angebotene Abfindung den verfassungsrechtlichen Vorgaben der vollen Entschädigung gerecht wird. Dem entspricht die gesetzliche Ausgestaltung des Squeeze out im Grundsatz, weil die sachverständigen Prüfer nicht vom Hauptaktionär selbst, sondern auf seinen Antrag vom Gericht ausgewählt und bestellt werden. Dies verlangt zwingend ein zweistufiges Verfahren, in dem die Prüfung erst beginnt, wenn die Ermittlung der Abfindung durch den Hauptaktionär und seine dazu eingeschalteten Gehilfen abgeschlossen ist. Eine Parallelprüfung wäre unzureichend; eine entsprechende Auslegung von § 327b AktG wäre verfassungswidrig. Verfassungswidrig wäre auch ein bindendes oder unverbindliches Vorschlagsrecht des Hauptaktionärs, weshalb § 327c Abs. 2 Satz 2 AktG – zumindest im Wege verfassungskonformer Auslegung – dahin verstanden werden muss, dass das Gericht bei der Auswahl und bei der Bestellung des Prüfers nicht nur frei ist, sondern vom Hauptaktionär etwa vorgeschlagene Prüfer schon deshalb nicht bestellen darf. § 327c Abs. 2 AktG stellt auch sicher, dass der Squeeze out nicht auf einen Prüfungsbericht gestützt werden kann, welchen ein in einem Näheverhältnis zum Hauptaktionär stehender sachverständiger Prüfer erstattet hat. Von Verfassungs wegen sind Personen, die Beteiligten nahe stehen oder den Eindruck der Nähe machen, von der Bestellung zum unabhängigen Prüfer ausgeschlossen. Die dazu erforderliche verfassungskonforme Auslegung von § 327c Abs. 2 AktG ist möglich, weil ihr weder der Wortlaut des Gesetzes noch der vom Gesetzgeber verfolgte Zweck entgegen stehen. Vielmehr gelten für den vom Gericht bestellten unabhängigen sachverständigen Prüfer im Wege verfassungsgebotener Auslegung neben den Ausschlusstatbeständen des § 319 Abs. 1–3 HGB auch die Befangenheitsregelungen der §§ 406, 42 ZPO. Verstöße hiergegen können die Betroffenen im Wege der Anfechtungsklage gegen den Squeeze out-Beschluss geltend machen.

d) Weil der in § 327 Abs. 2 AktG vorgesehene unabhängige Prüfer tatsächlich unabhängig sein muss, ist auch die vom Gesetzgeber gewählte Ausgestaltung der nachträglichen gerichtlichen Kontrolle der Abfindungshöhe im Spruchverfahren nach dem neuen SpruchG verfassungskonform.

e) Die tatsächliche Auszahlung einer angemessenen Abfindung ist verfassungsrechtlich ausreichend abgesichert. Das vom Gesetzgeber in § 327b Abs. 3 AktG gewählte Mittel der Absicherung ist aber im Wege verfassungskonformer Auslegung auch auf (spätere) Aufstockungsbeträge und auf Zinsen zu erstrecken.

§ 5 Zusammenfassung

f) Eine zu spät ausgezahlte Abfindung wird verfassungsrechtlich hinreichend verzinst. Die Regelung des § 327b Abs. 2 AktG ist verfassungskonform, weil es den Minderheitsaktionären mit zumutbarem Aufwand möglich ist, eine marktübliche Verzinsung zu erreichen.

g) Der Gesetzgeber hat mit der Einführung des Squeeze out hinreichend gewichtige Gründe des Gemeinwohls verfolgt. Zwar tragen die Vorstellungen der Feldmühle-Entscheidung heute nicht mehr, der Gesetzgeber kann aber in Übereinstimmung mit einer modernen Sichtweise das Interesse der Allgemeinheit an der Steigerung des allgemeinen Wohlstands durch eine stärkere Entfaltung der unternehmerischen Freiheit zu fördern versuchen.

6. Die konkrete Ausgestaltung des Squeeze out genügt dem Grundsatz der Verhältnismäßigkeit, weil sie geeignet, erforderlich und letztlich zumutbar ist. Das gilt auch für die Einbeziehung von nicht börsennotierten Gesellschaften in den Anwendungsbereich des Squeeze out.

7. Zwar ist dem Gesetzgeber ein Prognosefehler unterlaufen, weil er angenommen hat, in der Mehrzahl der Squeeze out-Fälle werde dem Squeeze out ein Pflichtangebot vorausgegangen sein. Dieser Prognosefehler wirkt sich aber im konkreten Fall verfassungsrechtlich nicht aus, weil der Gesetzgeber deutlich zu erkennen gegeben hat, dass er das Instrument des Squeeze out nicht auf börsennotierte Gesellschaften beschränken wollte.

Literaturverzeichnis

Baumbach, Adolf/Hueck, Alfred, Kommentar zum GmbHG, 17. Aufl., München 2000 (zitiert: Bearbeiter, in: Baumbach/Hueck)

Baums, Philipp A., Der Ausschluss von Minderheitsaktionären nach §§ 327a ff. AktG n.F. – Einzelfragen –, WM 2001, S. 1843 ff.

Bolte, Christian, Squeeze-out: Eröffnung neuer Umgehungstatbestände durch die §§ 327a ff. AktG?, DB 2001, S. 1587 ff.

Brügelmann, Hermann, Kohlhammer Kommentar zum BauGB, 53. Ergänzungslieferung, Stuttgart 2003 (zitiert: Bearbeiter, in: Brügelmann)

Drygala, Tim, Die Vorschläge der SLIM-Arbeitsgruppe zur Vereinfachung des europäischen Gesellschaftsrechts, AG 2001, S. 291 ff.

Eisolt, Dirk, Die Squeeze-out-Prüfung der § 327c Abs. 2 AktG, DStR 2002, S. 1145 ff.

Emmerich, Volker/Habersack, Mathias, Aktien- und GmbH-Konzernrecht, 3. Aufl., München 2003 (zitiert: Bearbeiter, in: Emmerich/Habersack)

Ernst, Werner/Zinkahn, Willi/Bielenberg, Walter, Kommentar zum BauGB, 71. Ergänzungslieferung, München 2003 (zitiert: Bearbeiter, in: Ernst/Zinkahn/Bielenberg)

Fleischer, Holger, Das neue Recht des Squeeze out, ZGR 2002, S. 757 ff.

Fleischer, Holger/Kalss, Susanne, Das neue Wertpapiererwerbs- und Übernahmegesetz, München 2002

Forum Europaeum Konzernrecht, Konzernrecht für Europa, ZGR 1998, S. 672 ff.

Friauf, Karl Heinrich/Höfling, Wolfram, Berliner Kommentar zum Grundgesetz, 9. Ergänzungslieferung, Berlin 2003 (zitiert: Bearbeiter, in: Friauf/Höfling)

Fuhrmann, Lambertus/Simon, Stefan, Der Ausschluss von Minderheitsaktionären – Gestaltungsüberlegungen zur neuen Squeeze-out-Gesetzgebung, WM 2002, S. 1211 ff.

Geibel, Stephan/Süßmann, Rainer, Wertpapiererwerbs- und Übernahmegesetz, 2002 (zitiert: Bearbeiter, in: Geibel/Süßmann)

Gesmann-Nuissl, Dagmar, Die neuen Squeeze-Out-Regeln im Aktiengesetz, WM 2002, S. 1205 ff.

Goette, Wulf, Die GmbH, 2. Aufl., München 2002

Groh, Manfred, Shareholder Value und Aktienrecht, DB 2000, S. 2153 ff.

Großkommentar zum Aktiengesetz, 4. Aufl., Berlin, New York 1999 (zitiert: Bearbeiter, in: Großkommentar zum AktG)

Grunewald, Barbara, Die neue Squeeze-out-Regelung, ZIP 2002, S. 18 ff.

Habersack, Mathias, Der Finanzplatz Deutschland und die Rechte der Aktionäre – Bemerkungen zur bevorstehenden Einführung des „Squeeze Out", ZIP 2001, S. 1230 ff.

Hamann, Minderheitenschutz beim Squeeze-out-Beschluss, Köln 2003

Hanau, Hans, Der Bestandsschutz der Mitgliedschaft anlässlich der Einführung des „Squeeze Out" im Aktienrecht, NZG 2002, S. 1040 ff.

Heidel, Thomas, Anwaltskommentar Aktienrecht, Bonn 2003 (zitiert: Bearbeiter, in: Heidel, Aktienrecht)

Hüffer, Uwe, Aktiengesetz, 5. Aufl., München 2002

Kölner Kommentar zum Aktiengesetz, 2. Aufl., Köln, Berlin, Bonn, München 1987 (zitiert: Bearbeiter, in: Kölner Kommentar zum AktG)

Kölner Kommentar zum WpÜG mit AngebVO und §§ 327a–f AktG, Köln, Berlin, Bonn, München 2003 (zitiert: Bearbeiter, in: Kölner Kommentar zum WpÜG)

Korsten, Mathias, Anmerkung zum Urteil des OLG Hamburg vom 08.08.2003 (11 U 45/03), EWiR 2003, S. 1169 f.

Krieger, Gerd, Squeeze-out nach neuem Recht: Überblick und Zweifelsfragen, BB 2002, S. 53 ff.

Lenz, Christofer, Hamburgs verfassungswidriges Airbus-Gesetz, NordÖR 2002, S. 442 ff.

Lutter, Marcus, Anmerkung zum Hypo-Vereinsbank-Urteil des Bundesgerichtshofs vom 25.11.2002, JZ 2003, S. 566 f.

Lutter, Marcus/Drygala, Tim, Die übertragende Auflösung: Liquidation der Aktiengesellschaft oder Liquidation des Minderheitenschutzes?, in Festschrift für Bruno Kropff, Düsseldorf 1997, S. 191 ff. (zitiert: Lutter/Drygala, FS Kropff)

Lutter, Marcus/Leinekugel, Rolf, Der Ermächtigungsbeschluss der Hauptversammlung zu grundlegenden Strukturentscheidungen – zulässige Kompetenzübertragung oder unzulässige Selbstentmachung?, ZIP 1998, S. 805 ff.

Mangoldt, Hermann von/Klein, Friedrich/Starck, Christian, Das Bonner Grundgesetz, 4. Aufl., München 1999 (zitiert: Bearbeiter, in: von Mangold/Klein/Stark)

Markwardt, Karsten, Squeeze out: Anfechtungsrisiken in „Missbrauchsfällen", BB 2004, S. 277 ff.

Martens, Klaus-Peter, Der Ausschluss des Bezugsrechts, ZIP 1992, S. 1677 ff.
Maunz, Theodor/Dürig, Günther, Kommentar zum Grundgesetz, 42. Lieferung, München 2003 (zitiert: Bearbeiter, in: Maunz/Dürig)
Meilicke, Wienand, Insolvenzsicherung für die Abfindung außenstehender Aktionäre?, DB 2001, S. 2387 ff.
Meilicke, Wienand/Heidel, Thomas, Das neue Spruchverfahren in der gerichtlichen Praxis, DB 2003, S. 2267 ff.
Michalski, Lutz, Kommentar zum GmbHG, München 2002 (zitiert: Bearbeiter, in: Michalski)
Mülbert, Peter O., Aktiengesellschaft, Unternehmensgruppe und Kapitalmarkt, 2. Aufl., München 1996
Münch, Ingo von/Kunig, Philip, Kommentar zum Grundgesetz, 5. Aufl. München 2002, (zitiert: Bearbeiter, in: von Münch/Kunig)
Münchener Kommentar zum Aktiengesetz, 2. Aufl., München 2004 (im Erscheinen), (zitiert: Bearbeiter, in: Münchener Kommentar zum AktG)

Ott, Kai-Peter, Reichweite der Angemessenheitsprüfung beim Squeeze-out, DB 2003, S. 1615 ff.

Pötzsch, Thorsten/Möller, Andreas, Das künftige Übernahmerecht – Der Diskussionsentwurf des Bundesministeriums der Finanzen zu einem Gesetz zur Regelung von Unternehmensübernahmen und der gemeinsame Standpunkt des Rates zur europäischen Übernahmerichtlinie, WM-Sonderbeilage Nr. 2 zu Heft 31/2000
Puszkajler, Karl-Peter, Diagnose und Therapie von aktienrechtlichen Spruchverfahren, ZIP 2003, S. 518 ff.

Rathausky, Uwe, Squeeze out in Deutschland: Eine empirische Untersuchung zu Anfechtungsklagen und Spruchverfahren, AG-Report 2004, S. 24 f.
Roth, Markus, Die übertragene Auflösung nach Einführung des Squeezeout, NZG 2003, S. 998 ff.
Rottnauer, Achim, Anmerkung zum Urteil des OLG Hamburg vom 11.04.2003, EWiR 2003, S. 739 f.

Sachs, Michael, Grundgesetz, 3. Aufl. München 2003 (zitiert: Bearbeiter, in: Sachs)
Scholz, Franz, Kommentar zum GmbHG, 9. Aufl., Köln 2000 (zitiert: Bearbeiter, in: Scholz)
Sieger, Jürgen J./Hasselbach, Kai, Der Ausschluss von Minderheitsaktionären nach den neuen §§ 327a ff. AktG, ZGR 2002, S. 120 ff.

Singhoff, Bernd/Weber, Christian, Bestätigung der Finanzierungsmaßnahmen und Barabfindungsgewährleistung nach dem Wertpapiererwerbs- und Übernahmegesetz, WM 2002, S. 1158 ff.

Steinmeyer, Roland/Häger, Michael, Kommentar zum Wertpapiererwerbs- und Übernahmegesetz, Berlin 2002

Umbach, Dieter C./Clemens, Thomas, Mitarbeiterkommentar zum Grundgesetz, Heidelberg 2002 (zitiert: Bearbeiter, in: Umbach/Clemens)

Vetter, Eberhard, Squeeze-out in Deutschland – Anmerkungen zum Diskussionsentwurf eines gesetzlichen Ausschlusses von Minderheitsaktionären, ZIP 2002, S. 1817 ff.

Vetter, Eberhard, Squeeze-out nur durch Hauptversammlungsbeschluss?, DB 2001, S. 743 ff.

Wiedemann, Herbert, Gesellschaftsrecht, Band I, München 1980 (zitiert: Wiedemann, Gesellschaftsrecht)

Wolf, Martin, Der Minderheitenausschluss qua „übertragender Auflösung" nach Einführung des Squeeze-Out gemäß §§ 327a–f AktG, ZIP 2002, S. 153 ff.

Stichwortverzeichnis

Die Zahlen bezeichnen die Seitenzahlen

Abfindung siehe Barabfindung
Abwägung 17
Aktieneigentum
- Herrschaftskomponente 29, 72
- Vermögenskomponente 31 f., 72, 75
Anfechtungsklage 20 ff., 29, 44
- Sondervorteil 23
- Treupflichtverstoß 42
- unangemessene Barabfindung 22
- zweiaktige Vorgänge 26
Angemessenheitsprüfer 8, 35 ff., 40 ff., 58
- Bestellung 39 f.
- Spruchverfahren 43, 46 f.
- Unabhängigkeit 7, 38 ff.
- Unbefangenheit 40 ff.
Angemessenheitsprüfung 30 f., 36 ff., 42
Ausschluss aus wichtigem Grund 78 f.

Barabfindung 9, 19, 30 f., 35 ff., 47 ff., 58 f., siehe auch Vorbedingung 2
- Aufstockungsbeträge 49 ff.
- Besicherung 7, 39, 48 ff.
- Funktion 32
- Sicherungslücke 51 f.
- Verzinsung 8, 53 ff.
Beurteilungsspielraum 68, 72, 77
Börsennotierte Gesellschaften 70, 72, 79

Cannabis-Entscheidung 67

DAT/Altana-Entscheidung 12, 15, 19, 21, 23, 27, 31, 61, 72

Eigentumsinhaltsbestimmung siehe Inhaltsbestimmung
Eignung 68 ff.
Enteignung 11, 13, 22
Entschädigung siehe Barabfindung
Erforderlichkeit 70 ff.

Feldmühle-Entscheidung 12, 19, 20, 27, 31, 47, 59 f., 62, 64 f.

Gemeinwohl 59 ff., 63 ff.
Gesetzesmaterialien 3, 28, 33, 36, 41, 46 f., 53, 54, 63, 70
Gleichheitsgrundsatz 78

Handelsregistereintragung 32
Hauptaktionär 6, 24, 77

Inhaltsbestimmung 11, 13 f., 15 ff.

Konzernleitung 63, 65, 77 f.
Kostenentlastung 28, 63, 70, 75, 77

Missbrauch von Kleinstbeteiligungen 3, 29, 63, 70 ff., 75
Moto-Meter-Entscheidung 13, 16, 19, 21 f., 31, 48, 61, 66 f., 71, 76

Nicht börsennotierte Gesellschaften 74 ff., 79

Parallelprüfung 7, 38 f., 58

Pflichtangebot 4, 69 f., 75
Poolen siehe Hauptaktionär
Private Gesellschaften 76
Prognose 4, 18, 69, 72

Rechtsbehelf gegen Missbrauch wirtschaftlicher Macht siehe Vorbedingung 1
Rechtsmissbrauch 5 f., 20, 24, 74, 76
– Beweislastumkehr 25
– Erkennbarkeit 24 f.
– wirksamer Rechtsbehelf siehe Vorbedingung 1

Sachgerechtigkeit 62, 65
Spruchverfahren 8, 31, 33, 36, 45
– Angemessenheitsprüfer 43, 46 f.
– Dauer 33, 43
– Erhöhung der Abfindung 9, 34
Squeeze out
– Gemeinwohl siehe dort
– nach Kapitalerhöhung oder Gründung 6, 24
– Rechtsmissbrauch siehe dort

– verfassungsrechtliche Vorbedingungen 18 f., 20 ff., 27 ff., 32, 39, 44 f., 47 f., 50, 57 ff.
– Verhältnismäßigkeitsgrundsatz siehe dort

Treupflicht 42

Umlegung-Entscheidung 62
Unternehmerische Initiative 59, 62, 65 f., 68, 76 f.

Verfassungskonforme Auslegung 25, 40, 45, 52, 55, 58, 80
Verhältnismäßigkeitsgrundsatz 17, 67 ff.
Volle Entschädigung siehe Vorbedingung 2
Vorbedingung 1 18 f., 20 ff.
Vorbedingung 2 27 ff., 32, 35 ff., 39 ff., 45 ff., 53, 57 ff.

Zinshöhe 55
Zumutbarkeit 72 ff.

Hamann

Minderheitenschutz beim Squeeze-out-Beschluss

Materielle Rechtmäßigkeitskontrolle des gemäß § 327a Abs. 1 S. 1 AktG zu fassenden Hauptversammlungsbeschlusses

Von Dr. *Axel Hamann*. Band 115 der Schriftenreihe „Rechtsfragen der Handelsgesellschaften". 266 Seiten DIN A5, 2003, brosch. 49,80 € [D]. ISBN 3-504-64667-5

Von der neu geschaffenen Möglichkeit des Mehrheitsaktionärs, Minderheitsaktionäre gegen angemessene Barabfindung auszukaufen, wird inzwischen in der Praxis häufig Gebrauch gemacht. Ist ein Schutz der Minderheitsaktionäre zu erreichen, indem besondere Anforderungen an den Squeeze-out-Beschluss der Hauptversammlung gestellt werden? Das Buch untersucht dies anhand praktischer Fallgruppen und bietet Lösungsmöglichkeiten für manche noch ungeklärte Frage der Neuregelung.

Verlag Dr. Otto Schmidt · Köln

Klöcker / Frowein

Spruchverfahrensgesetz

Kommentar

Von RA und Notar Dr. *Ingo Klöcker* und RA Dr. *Georg A. Frowein*. 186 Seiten DIN A 5, 2004, geb. 56,80 € [D]. ISBN 3-504-31168-1

Am 1.9.2003 ist das Spruchverfahrensgesetz in Kraft getreten. Es fasst die bislang in verschiedenen Gesetzen vorhandenen Regelungen des Spruchverfahrens zu einem sinnvollen Ganzen zusammen und optimiert gleichzeitig die Verfahrensabläufe, um die durchschnittliche Verfahrensdauer und die damit verbundenen Kosten zu reduzieren. Inhaltlich geht es um angemessene Ausgleichszahlungen und Abfindungen im Falle einer Reihe gesellschaftsrechtlicher Strukturmaßnahmen – wie etwa Beherrschungs- und Gewinnabführungsverträge, Eingliederung, Squeeze out, Umwandlungen und Delisting. In diesem Kommentar werden die neuen Regelungen aus Kennersicht praxisnah erläutert und zugleich Hilfestellungen für ein immer wichtiger werdendes neues Beratungsfeld für gesellschaftsrechtliche Berater gegeben.

Verlag Dr. Otto Schmidt · Köln